AS LÁGRIMAS AMARGAS
DE PETRA VON KANT

AS LÁGRIMAS AMARGAS
DE PETRA VON KANT

Rainer Werner Fassbinder

tradução
Marcos Renaux

Cobogó

Sumário

Os espelhos de Fassbinder,
por Marcos Renaux   7

AS LÁGRIMAS AMARGAS DE PETRA VON KANT,
de Rainer Werner Fassbinder   17

PETRA,
uma adaptação da Cia.BR116   99

Sobre a Cia.BR116   161

Os espelhos de Fassbinder

Como é de praxe, uma introdução. Se você é como eu, pule e vá direto para a peça e sua adaptação. Mas depois volte, pode ser que eu tenha algumas informações interessantes para lhe dar sobre o autor, a peça e a adaptação.

Rainer Werner Fassbinder [1945-1982] foi um autor e diretor central no movimento conhecido como Novo Cinema Alemão, uma espécie de primo-irmão da Nouvelle Vague francesa, que exerceu forte influência sobre ele. Fassbinder foi um dos impulsionadores do movimento, ao propor uma ruptura radical com o que se via no teatro e no cinema alemães dos anos 1950, 60 e início dos 70. Ele se rebela contra a complacência moral e social daquela Alemanha que esconde e tem vergonha de seu passado; paradoxalmente, reconhece que toda rebeldia está fadada ao fracasso.

A visão niilista da sociedade, o equilíbrio precário entre o muito estilizado e o francamente realista em seus filmes lhe renderam críticas bastante ácidas, ao mesmo tempo que o elevaram ao status de porta-voz de movimentos identitários. *Querelle*, de 1982, seu último filme, é um cult da comunidade queer.

Fassbinder iniciou sua carreira como ator em 1967 no Action Theater de Munique, uma trupe teatral de vanguarda.

Em 1968, já sob forte influência sua, o teatro passa a se chamar Anti-Theater, com o propósito manifesto de combater e se apresentar como alternativa ao padrão teatral alemão — estreito, enfadonho, francamente chato.

Logo começa a escrever, atuar e dirigir seus próprios filmes. *O amor é mais frio que a morte*, seu primeiro filme, de 1969, já revela seu fascínio pelo poder do amor. Diz ele: "O amor é o melhor, mais insidioso e mais eficaz instrumento de repressão social."

Entre 1969 e 1982, ano de sua morte, Fassbinder dirigiu quarenta filmes, duas séries para a TV e vários curtas. Sua produção teatral é menor que sua filmografia, mas não menos instigante: *Katzelmacher* (algo como "trabalhador estrangeiro" em dialeto bávaro), encenada em 1967 e filmada em 1968, é uma obra fria, direta e violenta. Escancara o preconceito contra o trabalhador estrangeiro com muita violência.

A dor provocada pelo isolamento permeia toda sua obra. Ele mesmo admite que cria compulsivamente apenas para poder fugir de sua própria solidão. Seu filme mais autobiográfico, *Faustrecht der Freiheit* [O direito do mais forte à violência], de 1975, conta a história de Fox, um homossexual que conquista amigos apenas porque ganha uma bolada na loteria; enganado e sugado por todos enquanto rico, assim que o dinheiro acaba é abandonado. Não por acaso, Fassbinder interpreta o personagem principal.

As lágrimas amargas de Petra von Kant, que primeiro estreou como peça e um ano depois foi filmada, revela uma personagem complexa, que sugere várias camadas de insegurança, narcisismo e desejo. Petra é uma figura trágica que representa de certo modo a luta entre desejo e realidade, em que o amor é fonte de prazer e de sofrimento. Sexualidade tardia e relacionamentos fracassados revelam uma busca incessante por identidade e aceitação, mas nenhuma se realiza plenamente.

O casamento de Maria Braun, de 1979, vem a ser seu primeiro sucesso internacional. Maria é vítima tanto do amor quanto da sociedade. Sua implacável busca por sucesso material à custa de seus próprios valores e relacionamentos é uma crítica à sociedade de consumo do pós-guerra. Ela luta contra a opressão, apenas para encontrar uma morte tão irônica quanto trágica. Violência inesperada aparece com frequência na obra de Fassbinder e funciona como uma espécie de pivô estilístico e temático.

Ele reconhece no diretor hollywoodiano Douglas Sirk — um alemão refugiado nos Estados Unidos em razão da ascensão do nazismo — sua maior influência. Compartilha o gosto de Sirk pelo melodramático e usa ângulos de câmera inovadores, bem como muitos espelhos. Embora também crie situações melodramáticas extensas, seu tratamento é mais distante e impassível.

Assim, Fassbinder é uma espécie de paradoxo em si mesmo: um artista pessimista que gosta dos filmes mais sentimentais de Hollywood e um intelectual politicamente curioso, engajado e empenhado em mudar o *status quo*, ainda que admita a inutilidade de seus esforços.

O volume que o leitor tem em mãos apresenta a mesma peça em dois textos e momentos diferentes. Um, a tradução para o português do texto original de Fassbinder, escrito em alemão, encenado em 1971 e filmado em 1972. E dois, sua adaptação, assim como concebida por Bete Coelho, Gabriel Fernandes e a trupe BR116, que leva o título *Petra*.

Em *As lágrimas amargas de Petra von Kant*, e também em nossa adaptação *Petra*, a personagem que dá nome à peça é uma estilista de relativo sucesso que conseguiu se estabelecer numa profissão muito competitiva e que luta contra sua própria insegurança e instabilidade emocional. Suas relações pessoais, especialmente com sua assistente Marlene e a amante Karin, revelam fragilidade e dependência. Seu comportamento dominante e manipulador causa-lhe enorme sofrimento psicológico. O relacionamento com Karin é para ela uma experiência transformadora: apaixona-se "alucinadamente" por ela, mas esse amor não é correspondido da maneira que ela gostaria. A relação desigual impõe a Petra uma dor intensa e, no limite, faz nascer, como num *click*, uma autorreflexão transformadora. O sofrimento acaba por fazê-la descobrir as complexidades e imperfeições do amor e lhe traz, afinal, alguma paz.

Karin, a amante, demonstra tanto ingenuidade quanto ambição. Por um lado, é certamente ingênua, se consideramos sua fragilidade e o modo como se apresenta a Petra no início da peça. Alguém que sofreu e que necessita de ajuda e estabilidade. Por outro, há fortes indícios de que ela sabe exatamente o que quer e usa Petra para atingir seus objetivos. É mais jovem e seu envolvimento com Petra é movido pelo desejo de explorar sua própria sexualidade e sua identidade. O mundo de Petra, tão diferente do dela, a intriga. Seus sentimentos são ambíguos, revelando tanto agradecimento, por ter a oportunidade de mudar sua vida até então tão difícil, quanto uma certa sensação de aprisionamento em razão da possessividade de Petra.

Marlene, assistente de Petra, não esconde seu masoquismo, perceptível no comportamento de autossacrifício e silêncio absoluto durante toda a peça. Suporta a rudeza de Petra e a serve sem reclamar. Lembremos que os anos 1970 produziram na Alemanha revoltas sociais e políticas marcantes: o país ainda não sabia como se comportar no pós-guerra, com a divisão de seu território em duas Alemanhas, uma sob domínio soviético e outra liberal e sob forte influência norte-americana. O silêncio e a atitude passiva de Marlene podem muito bem simbolizar o sentimento de desamparo e desilusão que especialmente os jovens viviam naqueles tempos. A escritora e crítica britânica Penelope Gilliatt vê Marlene como a heroína do drama. Fassbinder dedica o filme "àquele que aqui se tornou Marlene".

A amiga Sidonie é um tanto enigmática: funciona como uma espécie de espelho das complexidades da própria Petra. À primeira vista, parece ser sua fiel amiga, mas, se olhamos mais atentamente, percebemos que seu papel apresenta nuanças sutis de sarcasmo e indiferença. Embora se apresente como a amiga que lhe dá apoio, suas ações e omissões tendem a favorecer o comportamento autodestrutivo de Petra.

Valerie, a mãe, também merece reflexão. Ainda que o final da década de 1960 e os anos 1970 tenham trazido significativos avanços nos direitos dos homossexuais, a aceitação da homossexualidade pela sociedade alemã ainda era muito limitada; ser gay era um estigma. O abalo da mãe é um reflexo das opiniões predominantes da época, em que as normas e expectativas conservadoras em relação à sexualidade ainda estavam profundamente arraigadas. Ainda que a revolta de Stonewall em 1969 tenha marcado um momento crucial na história LGBTQIAPN+, suas consequências demoraram a permear a sociedade. A rigor, ainda hoje vemos por toda parte resistências à completa liberdade e aceitação de quem é homossexual ou simplesmente "diferente".

Finalmente, nos damos conta de que o fato de Petra ter enviado a filha Gabriele para um colégio interno e distante é revelador de um bom grau de negligência afetiva. Muito ao modo germânico. Concentrar-se apenas em sua própria turbulência emocional deixa pouco espaço para cuidar de sua filha. Essa ausência não afeta apenas Gabriele, serve também para enfatizar as deficiências emocionais de Petra e sua incapacidade de formar relacionamentos saudáveis e solidários.

Quanto à tradução, quero relembrar um velho bordão: "*traduttore, traditore*", "tradutor, traidor". A profissão de tradutor exige um equilíbrio delicado entre fidelidade ao texto original e a criação de um texto fluido e compreensível na língua de destino. Procurei ser o mais fiel possível ao texto original e creio que, em alguma medida, talvez tenha conseguido.

Cabe aqui perguntar o quanto um tradutor de textos dramáticos pode ou deve ser um traidor da literalidade. Ainda que, obviamente, ela deva ser inteiramente abandonada em casos específicos, como o de expressões idiomáticas e gírias, o certo é que o tradutor, ao deparar-se com a tarefa de traduzir um texto que será encenado, navega infalivelmente em águas turvas. A empreitada não é exatamente fácil. Mas há — para mim pelo menos — uma certeza absoluta: o texto dramático a ser traduzido tem vida própria, é verdade, mas sua vocação primordial é a de se tornar fala e, portanto, ele terá de contemplar uma coloquialidade da qual o tradutor literário pode e eventualmente deve prescindir, mas não o tradutor dramático. Nada de falas empoladas, nada de falar como as pessoas escrevem romances; as pessoas falam como falam, personagens são pessoas, na plateia há pessoas que falam do mesmo modo que eu quero falar no palco: a mesma língua, tal como é falada.

Também cabe ao tradutor procurar reproduzir o que o autor, em sua língua original, provavelmente quis transmitir, quis que sua personagem transmitisse. Assim, ao tradutor cabe, como regra número um, trabalhar como um relojoeiro — as peças têm de estar todas lá, têm de se encaixar, têm de trazer o mesmo sentido que o autor quis dar, não só no "todo", no conjunto, mas também, até o limite do impossível, nas partes, em cada uma das partes. Se, ao nos depararmos com o "impossível", temos de trair para sermos fiéis ao original, que assim seja. E que pare por aí a traição. Vale lembrar a frase que Millôr Fernandes teria dito a Nelson Rodrigues: "Respeito tudo o que Molière escreveu — agora, deixou uma bola na porta do gol, o chute é certo."

A adaptação do texto que resultou em *Petra* foi liderada por Bete Coelho e Gabriel Fernandes, com intervenções pontuais, muito pontuais, minhas e de membros da trupe BR116. Num paralelo nem tão forçado, parece lícito dizer que Bete e Gabriel estão para Fassbinder assim como Fassbinder está para Douglas Sirk. Não apenas menos melodrama, mas mais precisão, mais germanidade, por paradoxal que essa afirmação possa parecer. O cuidado e a precisão nos cortes do que é considerado excessivo é compensado — em mais um paradoxo — com a economia e a precisão nas falas que são mantidas ou modificadas. Invariavelmente modificadas para melhor, como você poderá comparar. Sem falar nos gestos, nas entonações, nas marcas: me refiro agora à encenação dessa adaptação no Teatro Cacilda Becker, em São Paulo, em julho e agosto de 2024.

Bete, Gabriel e toda a trupe BR116 somos apaixonados pela obra de Fassbinder. A adaptação e sua encenação são uma espécie de homenagem ao artista, razão pela qual permeamos os entreatos com várias músicas icônicas de seus filmes, como "Lili Marleen", "Capri Fischer" e "Memories Are Made of This", respectivamente dos filmes *Lili Marlene*, *Lola* e *O desespero de Veronika Voss*, todas cantadas em suas línguas originais pela cantora Laís Lacôrte, que também interpreta as músicas de autoria de Felipe Antunes e Fabio Sá.

Gostaria ainda de fazer alguns agradecimentos. Em primeiro lugar, a Bete Coelho, nosso farol em todos os momentos, desde a ideia embrionária até o momento da estreia. Participar dos ensaios, dar uma ou outra opinião e tirar eventuais dúvidas da direção ou do elenco (o papel do tradutor e dramaturgista também é esse) e se surpreender com a destreza do trabalho de adaptação feito por ela e Gabriel, é uma verdadeira festa para o intelecto e para o espírito. A versatilidade, a precisão, a inteligência e a capacidade de trabalho, para não falar no imenso talento de Bete, são motivos para querer estar perto no dia seguinte, no próximo ensaio, no próximo espetáculo, bem como para torcer por um futuro artístico sempre a seu lado, sendo uma orgulhosa parte de um todo imenso que é o teatro de Bete Coelho. A confiança depositada em mim para mais este trabalho é um presente de valor inestimável.

Agradeço também à Editora Cobogó por ter topado editar este livro; a Isabel Diegues, Melina Bial e Aïcha Barat, que pacientemente fizeram leituras comigo até que os textos se tornassem publicáveis.

Finalmente, quero dedicar esta tradução ao jornalista e dramaturgo Otavio Frias Filho, que nos deixou precocemente em 2018 e com quem traduzi, ao longo de nossa amizade de décadas, algumas peças. Sempre vivo em nossas memórias, deu-nos um lindo presente: sua filha Miranda, que interpreta com muita graça e verdade a jovem Gabriele.

Marcos Renaux
Tradutor e dramaturgista

AS LÁGRIMAS AMARGAS
DE PETRA VON KANT

de Rainer Werner Fassbinder

tradução Marcos Renaux

Para Margit Carstensen

As lágrimas amargas de Petra von Kant estreou na versão original, em alemão, em 5 de junho de 1971, como uma produção do Landestheater Darmstadt na Experimenta 4, em Frankfurt, Alemanha.

Direção
Peer Raben

Elenco
Margit Carstensen como Petra von Kant
Maria Kayssler como Valerie von Kant
Beatrix Martin como Gabriele von Kant
Renate Bochow como Sidonie von Grasenabb
Elisabeth Gassner como Karin Thimm
Irm Hermann como Marlene

Personagens

Petra von Kant
Valerie von Kant, sua mãe
Gabriele von Kant, sua filha
Sidonie von Grasenabb, sua amiga
Karin Thimm, sua amante
Marlene, sua auxiliar

PRIMEIRO ATO

Marlene abre ruidosamente as cortinas.

PETRA:
Marlene! Um pouco mais de sensibilidade, por favor. Eu tive uns sonhos tão pesados. Minha cabeça tá... bem pesada. Parece chumbo. O telefone. Anda!

Marlene entrega-lhe o telefone. Petra disca.

PETRA:
Alô? A senhora von Kant, por favor. Claro, eu aguardo. Espreme umas laranjas pra mim. Eu estou com sede! Mamãe! Ontem não deu mais, mamãe, o trabalho, você sabe como é. Não, eu já levantei faz tempo, verdade. A gente não tem sossego mesmo. E isso também é bom, né? Pra onde é que você vai? Pra Miami? Ah, eu fico feliz por você, mãe, Miami é o máximo. Verdade, é o

máximo mesmo. E as pessoas. Gente espetacular. Simplesmente espetacular. Seis meses!? Ah, mamãe. Nem sei o que dizer. Seis meses, tô morrendo de inveja. Miami, seis meses. Até que não ia me fazer mal.

Marlene traz o suco. Petra cobre o fone com a mão.

PETRA:
Obrigada. Já vai começando com o desenho. Os croquis estão na gaveta. Então, mamãe. Como? Ah, claro, eu te ouvi mãe, mas a ligação tá meio ruim, me desculpa. Para de se ofender, mãe, foi só um estalo na linha. Eu não tô mentindo. Você tá toda ofendida, mãe. Tá bom, mamãe, eu tô te ouvindo. Sei. Entendo. Claro. Sim. Você precisa de quanto, afinal? Oito mil? É muito. Espera um pouco. [*ela cobre o fone com a mão*] E agora, o que é que eu faço? [*Marlene dá de ombros*] Ajudar que é bom, nada, né?! Mãe! Bom, eu posso te emprestar cinco mil, mais do que isso agora realmente não dá. Você sabe muito bem, as despesas todas, e ainda tem a Gabriele. Talvez você deva tentar conseguir o restante com a Tatiana ou... Tá, mãe. Até mais. Tchau. [*desliga o telefone, acende um cigarro*] Marlene, você vai escrever uma carta agora mesmo. Pro Josef Mankewitz. O endereço tá lá nos arquivos.

Marlene se apruma.

PETRA:
Querido Mankewitz, querido amigo, vírgula, infelizmente não vou conseguir realizar o pagamento, ponto, há circunstâncias

entre o céu e a terra, três pontinhos, mas para quem é que estou dizendo isso, ponto de interrogação. Despeço-me na esperança de sua compreensão vírgula, com a amizade de sua Petra von Kant. Me dá aqui que eu já assino. Vem.

Marlene se aproxima, entrega o papel para Petra assinar.

PETRA:
Leva lá pra baixo e se apressa.

Marlene sai. Petra levanta-se e coloca um disco na vitrola (The Platters). Pela metade do canção Marlene volta. Petra dança etc.

PETRA:
Bom, agora se apressa, o desenho tem que ficar pronto até o meio-dia, tá? Correspondência?

Marlene entrega-lhe a correspondência.

PETRA:
Karstadt?[1] [*ela abre o envelope*] Querem que eu desenhe uma coleção pra eles! Marlene, você ouviu? Essa é *a* chance! [*ela vai até o telefone, disca*] Karstadt? O senhor Müller-Freienfels por favor. Meu nome é Petra von Kant. Obrigada. Aqui é a Petra von Kant. Sim, eu recebi... Sim. Mas essa semana tá bem difícil,

---

1. N. da T. Karstadt era uma loja de departamentos que, à época (1971), ainda existia e comercializava, entre outros, artigos de vestuário.

quer dizer, na sexta. Um momentinho, ah sim, dá pra encaixar na sexta. A que horas? Às três? Ótimo. Às três. Até lá. Tchau. [*ela desliga o telefone*] Esses canalhas! Você se lembra quando ofereci a minha primeira coleção pra eles, há três anos, quase me ajoelhando? Bom, os tempos mudam. Bem bonzinho o homem, bem submisso, pensando bem...

A campainha toca.

PETRA:
Agora? Pelo amor de Deus, quem...?

Marlene dá de ombros.

PETRA:
Abre a porta. Tanto faz.

Marlene sai, Petra disca ao telefone.

PETRA:
Dez e meia. Pelo menos isso.

Entram Marlene e Sidonie von Grasenabb.

SIDONIE:
Amor!

PETRA:
Sidonie! Querida!

SIDONIE:
Petra!

Elas se abraçam.

PETRA:
Meu Deus, quanto tempo...

SIDONIE:
Três anos, minha querida. Três anos. Como passa o tempo. E ainda assim você está tão bem. Espantosamente bem. Como você consegue.

PETRA:
E você não fica nada atrás de mim em juventude, beleza, aparência, nada.

SIDONIE:
E o Frank?

Petra faz um gesto de negação.

SIDONIE:
Eu li sobre vocês. Na Austrália, imagina! Eu disse logo pro Lester, a pobrezinha, deu no que deu. E como todas nós alertamos você sobre esse homem.

PETRA:
Experiência a gente só adquire vivendo, Sidonie. Pode acreditar, eu estou bem feliz que as coisas aconteceram do jeito que aconteceram. O que você aprende ninguém tira de você. Ao contrário, faz você amadurecer.

SIDONIE:
Eu sei lá, Petra, quando já dá pra ver o fim da coisa logo no começo, será que a experiência vale a pena?

PETRA:
Marlene, faz café — ou você prefere um chá?

SIDONIE:
Pode ser café.

PETRA:
Você tomou café da manhã?

SIDONIE:
Tomei sim, obrigada. Eu voei hoje de manhã de Frankfurt pra cá. Eu não tinha sossego, só pensando em como você tá suportando a coisa. Se você tá sofrendo ou...

PETRA:
Ah, Sidonie, as pessoas evoluem. Antigamente... antigamente eu era diferente, com certeza. Eu não saberia o que fazer. E a vergonha. Eu acreditava no lado bom do homem. Só que, sabe como é, no casamento as fraquezas do caráter acabam tomando conta.

SIDONIE:
Eu não sei muito bem, não, com o Lester...

PETRA:
Desculpa. É que vocês, de tanto viajar por aí, ainda nem tiveram tempo de se conhecer direito. Mas, olha, eu e o Frank, a gente

tava junto dia e noite, dificilmente qualquer coisa diferente, e quase sempre o medo pela minha própria existência. Desse jeito dá pra perceber muito bem de que tipo de matéria o outro é feito ou então... desculpa, eu não queria ser tão amarga, mas até que tinha umas belas perspectivas pra esse homem e pra mim. Não era pra ser.

SIDONIE:
Você ainda sonha com ele?

PETRA:
Não, Sidonie, eu penso nas possibilidades que a gente tinha. É porque é triste mesmo, pode acreditar, quando você percebe que o que incomoda supera em muito os belos sentimentos.

SIDONIE:
Vocês brigavam, ou...?

PETRA:
Se a gente brigava? Não literalmente. Às vezes tinha uma frieza, sabe, essa que a gente sente e... pensa bem, você tá sozinha com uma pessoa, no carro ou num quarto e você quer falar uma coisa, mas você fica com medo. Quer ser carinhosa, mas de novo você tem medo. Você fica com medo de perder pontos, quer dizer: de parecer o mais fraco. Esse ponto é horrível, não tem mais volta.

SIDONIE:
Acho que eu entendo o que você tá querendo dizer. Meio obscuro, mas...

PETRA:
Eu sei bem aonde você quer chegar. O mais esperto faz concessões, por exemplo. Ou então... Não, Sidonie, eu gostaria que

você me apontasse uma só pessoa que, quando a vaca vai pro brejo, tá lá pra ajudar a desatolar ela, isso só pra falar dos relacionamentos humanos.

SIDONIE:
Mas não pode ter durado três anos desse jeito.

PETRA:
Não, claro que não. Teve momentos que foram bonitos, que... sabe, momentos em que a gente esquece de tudo, tudo, inclusive que a gente poderia esclarecer as velhas dificuldades, que poderia encontrar uma base comum pra... ah, a vaca foi pro brejo.

SIDONIE:
Pobrezinha. Pobre Petra!

PETRA:
É muito fácil lamentar por alguma coisa, Sidonie, o mais difícil é entender. Aquilo que você entende, não precisa lamentar, dá pra mudar. Lamentar, no máximo o que a gente não entende.

SIDONIE:
Eu estou vendo que isso tudo endureceu você. Triste, porque eu sempre desconfiei de mulheres duronas.

PETRA:
Só soa duro porque eu uso a cabeça. Parece que você não está muito acostumada com a ideia de que mulheres pensam. Pobre coelhinha.

SIDONIE:
Petra! Por favor!

PETRA:
Me perdoa, eu não queria te ofender. Eu só gostaria que você escutasse de verdade o que eu estou dizendo, e que não me viesse com uma opinião pronta pra julgar o que eu acabo de dizer.

SIDONIE:
Claro. É claro que eu entendo sua amargura. Ele... pediu... o divórcio?

PETRA:
Não, eu pedi.

SIDONIE:
Não foi ele?! Você que... pelo amor de Deus.

PETRA:
Isso te surpreende, né? A pobre, a pobre Petra que não queria largar o marido, que parecia perdidamente apaixonada, quase uma escrava, ela que pediu o divórcio, que coisa horrível, não?

SIDONIE:
Ele te...

PETRA:
Não, ele não me traiu. Pra começar, uma traição não seria motivo de separação pra mim. No que me diz respeito a relação era muito saudável. A gente gostava é de diversão, nada de fidelidade: quer dizer, fidelidade por imposição. Seguindo esses sentimentos, nós dois éramos fiéis um ao outro. Não, a coisa não andou foi por outros motivos. Quando está tudo errado nasce uma certa aversão, um ódio. Mas isso tudo não tem nada a ver com coisas que aconteceram perto da gente, com outras pessoas, ou...

Marlene entra, serve o café.

PETRA:
Obrigada.

SIDONIE:
Obrigada também.

PETRA:
Continua desenhando, por favor. Tem hora pra entregar.

Marlene volta a desenhar.

SIDONIE:
A gente pode...?

PETRA:
Marlene? A Marlene tá comigo há três anos. A Marlene escuta tudo, vê tudo, sabe tudo. Não precisa se preocupar com a Marlene.

SIDONIE:
Então, voltando. O que foi que fez vocês se estranharem tanto, ficarem tão doentes?

PETRA:
Ah, Sidonie!

SIDONIE:
Sabe, Petra — o Lester e eu, nós também tivemos um tempo assim em que tudo parecia: pronto, agora acabou. Tinha assim como que um tédio, uma certa repulsa até. E... a gente tem que ser bem esperta, sabe, muito compreensiva e cheia

de humildade. Nós mulheres, a gente tem possibilidades, é só saber usar.

PETRA:
Eu não queria usar possibilidade alguma, Sidonie, e muito menos possibilidades que as "mulheres" têm. Eu prefiro ficar longe desses truques do sindicato da acetona.

SIDONIE:
Truques, Petra? Eu...

PETRA:
Isso mesmo, são truques. Enganação, se você preferir. E a consequência disso é falta de liberdade e repressão. Quando eu escuto uma palavra como humildade, eu fico...

SIDONIE:
Sem essa, Petra. Sem essa, por favor. O Lester e eu agora somos felizes, eu juro! A humildade surtiu efeito. Ele acha que manda em mim, eu deixo ele acreditar nisso e na real ele faz o que eu quero, sério.

PETRA:
Amor, olha, eu entendo o que você diz. E isso pode muito bem valer pra você e pro Lester. Pode ser que essa pressão na cabeça seja exatamente o que vocês precisam. Só que... sabe, o Frank e eu, era pra gente amar um lindo amor. E bom, isso pra nós sempre significou saber exatamente o que se passa com o outro. A gente não queria um casamento morno, que usasse esses métodos. A gente sempre queria tomar decisões, queria estar sempre bem despertos, sempre... livres.

SIDONIE:
Eu não sei, Petra, pra que complicar tanto o que pode ser tão simples. Esses métodos servem pra gente tomar consciência.

Quem tem que procurar sempre o novo, quando o que já tem, tem seu valor, bom... então tá.

PETRA:
A gente queria ser feliz estando juntos, entende: juntos. E que eu saiba, esse método não funciona.

SIDONIE:
E o que foi que aconteceu que levou a toda essa repugnância? Quando tinha tanta clareza, tanto entendimento?

PETRA:
Sucesso, por exemplo. O sucesso que eu tive e que o Frank tanto esperava, que ele precisava, na verdade. Foi assim que começou, simples assim. É.

SIDONIE:
Tá. Vai me perdoar! Sucesso não é motivo pra...

PETRA:
Homens. E a vaidade deles. Ah, Sidonie. Ele queria me mimar, me sustentar. Ah, sim, ele se levava a sério, e é verdade que ele ouvia minhas opiniões, mas ainda assim: ele queria que eu comesse na mão dele. É aí, por esse desvio, que a opressão vai se instalando por si só. A coisa então vai indo, eu escuto o que você diz, também te entendo, mas... quem é que ganha o dinheiro, quem é que se mata de trabalhar? Então, por favor, dois pesos e duas medidas! Ah, meu amor. No começo era o que você ganhar, minha menina, vai pra uma conta separada, no futuro pode nos dar quem sabe uma casa própria, um carro esportivo ou qualquer coisa dessas. Eu fazia que sim com a cabeça, eu concordava, porque... ele era tão carinhoso, Sidonie, e às vezes o amor com que ele me envolvia me transportava,

me... deixava sem ar, de tanta felicidade. Quando os negócios dele pioraram, sabe, no começo era até divertido observar como o orgulho ridículo dele estava ferido, e pra ser bem sincera eu até gostava, especialmente porque eu realmente achava que ele sabia o quão ridículo era o comportamento dele. Ele não sabia. E depois, quando eu tentei dizer pra ele que pra mim não fazia a menor diferença se o homem era exatamente o "bambambã" ou não, já era tarde. Toda vez que a questão era levantada parecia que tinha um muro entre a gente, Sidonie, um muro. E assim, lentamente, a honestidade começou a morrer. Eu achava que tinha me iludido com ele, comigo, e aí eu dei um fim. Um fim nessa coisa de amar o sujeito. O último meio ano foi horrível, pode acreditar, horrível! Claro que ele percebeu que ele já era, sentiu pelo menos. Ele não aceitou, não. E nisso ele também não foi muito esperto. Ele tentou segurar a mulher, se não inteira, então na cama. E aí veio a repugnância. Ele tentou com técnica, com violência. Eu deixava ele vir por cima de mim. Eu suportava. Mas... o homem me parecia tão nojento.

SIDONIE:
Petra!

PETRA:
Ele fedia. Ele fedia a homem. Assim como os homens fedem. O que pra mim antes era atraente... agora só me causava ânsia de vômito, lágrimas nos olhos. E o jeito que ele trepava em cima de mim...

SIDONIE:
Não, Petra, por favor!

PETRA:
Agora escuta a história até o fim, por favor. Ele me pegava do jeito que um touro pega a vaca. Nem um pingo de cuidado e

nenhuma atenção com o prazer da mulher. As dores, Sidonie, você não pode nem imaginar as dores. E quando às vezes eu... é, a vergonha! A vergonha. Eu tinha tanta vergonha. Ele achava que eu chorava de amor, de agradecimento. Ele era tão burro, tão burro. Os homens são tão burros.

SIDONIE:
Pobre Petra, pobrezinha! Como você sofreu.

PETRA:
Eu não preciso da sua compaixão. Ele... ele bem que teria precisado da minha. Compreensão, bondade ou compaixão, já que nada mais era possível. Eu não tinha mais nada pra ele. Ao contrário, ficava cada vez mais difícil. Quando a gente fazia uma refeição juntos, o mastigar dele soava pra mim feito uma explosão, e quando ele engolia — eu não aguentava mais. O jeito que ele cortava a carne, comia verduras, como ele segurava o cigarro, um copo de uísque. Tudo me parecia tão ridículo, tão... afetado. Eu tinha vergonha dele, porque eu achava que as pessoas que viam ele poderiam enxergar do mesmo modo que eu. Claro que aí tinha histeria, tinha pânico, Sidonie, não tinha mais salvação. Acabou. Fim. Já era. [*pausa*] Eu tenho vergonha.

SIDONIE:
Não precisa ter. Você não precisa ter vergonha. Você afinal tentou aprender. Tentou entender alguma coisa. Eu...

PETRA:
Eu acho que o homem é constituído de um jeito que ele precisa de outra pessoa, mas... ele não aprendeu a conviver. [*toca a campainha*] Marlene!

Marlene se levanta, sai.

SIDONIE:
Com certeza é a Karin.

PETRA:
Karin?

SIDONIE:
Uma menina encantadora. Eu conheci ela no navio de Sidnei pra Southhampton. Ela quer fazer a vida na Alemanha.

Marlene entra com Karin.

SIDONIE:
Karin?

KARIN:
Oi.

SIDONIE:
Essa é a Petra, Petra von Kant, de quem eu tanto falei.

KARIN:
Boa tarde.

PETRA:
Boa tarde. Sente-se por favor. Eu peço desculpas pela bagunça. As circunstâncias.

KARIN:
Não faz mal nenhum.

PETRA:
Chá? Ou conhaque?

KARIN:
Conhaque, obrigada.

PETRA:
Marlene! Conhaque. Você, Sidonie?

SIDONIE:
Não obrigada; de manhã, por favor.

KARIN:
Engraçado, eu imaginei a senhora bem mais velha, mais distinta, é assim que se diz?

PETRA:
É sim, é assim que se diz. Mas por que mais velha?

KARIN:
Alguém que tem tanto sucesso, que é tão famosa? Eu não sei, mas... em geral as pessoas são mais velhas.

SIDONIE:
As exceções confirmam a regra.

Marlene traz duas taças de conhaque, serve a bebida.

PETRA:
Saúde.

KARIN:
Saúde.

SIDONIE:
Bom, tá mais do que na hora pra gente, Karin. Petra! Qualquer hora eu te ligo e fico mais tempo. Tchau.

PETRA:
Isso, me liga. Se cuida. Até mais.

KARIN:
Até mais.

PETRA:
Ah, ééé...

KARIN:
[*volta-se para ela*] Oi?

PETRA:
Você tem uma bela presença, deveria ter uma oportunidade. Quem sabe você não passa por aqui uma hora dessas.

KARIN:
Adoraria.

PETRA:
Amanhã, por exemplo. Amanhã de noite. Às oito.

SIDONIE:
Karin!

KARIN:
Tô indo. Até amanhã.

Karin sai. Petra vai até o cavalete, olha os desenhos de Marlene. Marlene entra.

PETRA:
Você modificou as mangas? É... ficou bom. Mais comercial.

Blecaute.

SEGUNDO ATO

Luzes. Mas é noite. Petra atravessa o palco correndo feito uma galinha assustada, se veste. Arruma-se. Marlene ajuda-a a abotoar sua roupa etc., e, depois, trabalha na máquina de escrever. Toca a campainha.

PETRA:
Marlene! A campainha, Marlene. Eu não estou nada pronta. Abre, eu já volto.

Saem as duas. Depois de um momento entra Marlene trazendo Karin, aponta um lugar para ela e senta-se novamente à sua escrivaninha. Karin se levanta, vai até um espelho e olha-se longamente. Petra entra.

PETRA:
Karin! Que bom.

Karin vira-se lentamente.

KARIN:
Boa noite, senhora von Kant.

Petra vai até ela, como se quisesse abraçá-la. Para um pouco antes.

PETRA:
Vamos sentar. Eu preparei umas coisinhas. Marlene! O *lunch*![2]

Marlene sai.

PETRA:
Então. Aí está você.

KARIN:
Sim, aqui estou eu.

Ambas riem.

PETRA:
Está gostando da Alemanha?

KARIN:
Eu fiquei só cinco anos fora. Sim. Tô gostando. Mudou pouco.

PETRA:
É raro alguma coisa mudar por aqui. As coisas na Alemanha são como são. Não dá pra fazer nada. Me conta de você.

KARIN:
De mim? Não tem muito pra contar.

PETRA:
Ah, tem sim: o que você pensa ou o que você sonha.

---

2. N. da T. *Lunch* — o termo está em inglês no texto original em alemão.

KARIN:
Pouca coisa. Eu quero ter um lugar no mundo. É querer muito?

PETRA:
Não, ao contrário Karin, ao contrário. É pra isso que a gente vive, pra lutar por um lugar.

KARIN:
E... tem que lutar?

PETRA:
Com certeza. Eu também tive que lutar, e duro. Muito duro. As coisas são assim.

KARIN:
Eu sei lá, eu sempre me achei muito preguiçosa pra lutar.

PETRA:
Preguiçosa?

KARIN:
É. Então, eu gosto mesmo é de deitar na cama, ler revista, romance e essas coisas. Isso...

PETRA:
Talvez você ainda não tenha tido o estímulo adequado pra vida. Ainda é tão jovem.

KARIN:
Vinte e três.

PETRA:
Então. Ainda se tem tanto pela frente nessa idade. Coisas boas, coisas más, feias, bonitas. Aos vinte e três a vida está só começando.

KARIN:
É?

PETRA:
É. Ou não é?

KARIN:
Ah meu Deus, eu bem que já deixei algumas coisas pra trás. Eu sou casada e...

PETRA:
Você é... É mesmo?

KARIN:
Sou. O meu marido ficou na Austrália. A gente tinha... Ah, as coisas não são nada fáceis.

PETRA:
Não. Nada é fácil. Nada. A gente tem que ser mais ou menos versada nessa coisa de humildade.

KARIN:
Humildade?

PETRA:
Bem, cada um tem a sua teoria a respeito do mundo. Eu acho que temos que ser humildes pra poder suportar melhor o que a gente tem que aceitar. Eu tenho humildade diante do meu trabalho, por exemplo, do dinheiro que eu ganho. De muita coisa que é mais forte do que eu.

KARIN:
Eu acho a palavra *humildade* muito esquisita. Soa meio como — rezar e ajoelhar. Eu não sei, eu...

PETRA:
Pode ser que esses... conceitos... não sejam nada pra... gente jovem. Na sua idade eu não teria reagido diferente.

Marlene traz uma bandeja e coloca-a diante de ambas, sobre uma mesinha.

PETRA:
Obrigada. Sirva-se.

Marlene volta à sua escrivaninha, trabalha.

PETRA:
Então tenta imaginar se você se divertiria num trabalho assim de... modelo.

KARIN:
Eu não conheço a profissão, o que precisa ter ou fazer, mas em princípio — por que não?

PETRA:
Ótimo. Vamos ter que conversar sobre isso muito concretamente. Claro que não é só subir na passarela e achar que já sabe tudo. Você tem que estar disposta a aprender.

KARIN:
Eu quero aprender. Claro. Eu não quero nada de presente.

PETRA:
É claro que eu posso facilitar bastante as coisas. Mais adiante. Quando você tiver aprendido alguma coisa vai poder trabalhar onde quiser.

KARIN:
Obrigada.

PETRA:
Pode ser que você tenha dificuldades no começo, eu quero dizer, dificuldades financeiras. Durante o curso não se ganha nada.

KARIN:
Provavelmente. Eu...

PETRA:
Eu vou ajudar você. É uma oferta. Não é por isso que não vai dar certo.

KARIN:
Sim. Muito simpático da senhora.

PETRA:
Sabe, o lindo nessa profissão é que se viaja muito. Eu adoro as cidades do mundo à noite. Você gosta de viajar?

KARIN:
Depende. Sim. Eu acho que sim.

PETRA:
Pode ser maravilhoso. Viajar muito, muita coisa pra ver, pra viver. Cidades desconhecidas, música. Você gosta de arte?

KARIN:
Arte? Não sei.

PETRA:
Teatro, concertos, bons filmes? Não?

KARIN:

Claro. Eu gosto bastante de ir ao cinema. Filmes de amor e essas coisas. Com sofrimento. Aí é legal.

PETRA:

[*desconfiada*] É? Nós podemos aprender coisas juntas. Vai dar muito certo. Eu tive sorte com os meus pais, sabe. Logo cedo eles me orientaram pras coisas belas da vida. E como eram os seus pais? ... Profissão, por exemplo.

KARIN:

Meu pai era ferramenteiro.

PETRA:

Ah! Que interessante.

KARIN:

É. Nem tanto. Trabalho e pouca diversão. É assim que funciona. Eles não tiveram uma vida muito boa. Casa pequena, três filhos, muita gritaria.

PETRA:

Mas os pais, eles se ocuparam bastante de você, como criança, assim direito, quero dizer?

KARIN:

Se ocupar, nem sei o que é isso. A gente simplesmente existia e era um estorvo. Pelo menos na maior parte do tempo.

PETRA:

Pobre de você. Deve ter sido horrível.

KARIN:

Que nada. A intenção deles era boa, dos dois. E fora isso eles nos deixavam em paz, quase sempre. Eu acho isso melhor do que quando os pais se metem em tudo, querendo saber o que a gente tem na cabeça e essas coisas.

PETRA:
Ainda assim, deixar as crianças simplesmente ao Deus dará? Não sei, não. Você com certeza sabe, eu também tenho uma filha. Eu não consigo me ocupar dela o tempo todo, claro, mas eu sei que ela está na melhor das escolas, num colégio interno de primeira linha. Saber disso me acalma, acredite. Eu gostava de ir pra escola, você não?

KARIN:
Hmm... não. Não, acho que não. Eu me lembro bem que eu fiquei feliz quando acabou. Ainda que eu tivesse sido relativamente boa aluna, eu acho.

PETRA:
Você com certeza é muito inteligente.

KARIN:
Sim, inteligente, pode ser. Mas naquela época eu não gostava de estudar. As matérias que me interessavam andavam sozinhas, isso era legal.

PETRA:
Eu também era assim. No que eu me interessava, eu era imbatível. Vai saber por que, naquela época eu tinha uma queda por matemática.

KARIN:
Eu, nenhuma. Sempre fui ruim de conta. No começo, sim, mas depois, quando vieram as letras e essa coisarada toda, aí eu não entendia mais nada.

PETRA:
Estranho. Eu me interessava muito por álgebra, muito mesmo!

KARIN:
Álgebra, tá. Não, eu não me ligava nisso. Eu nunca entendi como é que um número de repente recebe uma letra, até hoje eu não entendo.

PETRA:
Também não tem tanta importância. Tem coisas mais urgentes nesse mundo.

KARIN:
Educação física era legal. Principalmente atletismo leve no verão. Ou então jogos tipo handebol e queimada. Os aparelhos eu nunca gostei. Barra fixa ou paralelas. No verão eu sempre tirava dez e no inverno, quatro.

PETRA:
É mesmo? Não, eu gostava mais dos aparelhos. Eles exigem... disciplina. Essa também é uma palavra que os jovens odeiam.

KARIN:
Eu não sei não, disciplina é ok, mas tem que ter diversão. Quando a coisa é só disciplina, ou sei lá, imposta, aí eu já não acho graça.

PETRA:
É engraçado, mas ... eu por exemplo preciso de um estímulo pra fazer alguma coisa. Que eu preciso de dinheiro, sei lá, ou que eu prometi alguma coisa. Assim, tipo sem nenhuma imposição, acho que eu estaria frita muitas vezes.

KARIN:
Tá, eu consigo entender, mas se for sem, eu acho melhor. Meu pai, por exemplo, todo domingo ele saía pra dar um passeio de

bicicleta com a gente. A família toda pedalava. Ele na frente, minha mãe logo atrás, e as três filhas atrás dos velhos. E ele pedalava lá na frente, incrivelmente rápido. Era um homem. A gente chegava de noite em casa esbodegada e ele tava fresquinho. E ele brigava com a minha mãe, todos os domingos, e por nada. Fazer o quê. Em todos os casos, a gente era sempre obrigada a ir junto. Toda vez. Com certeza eu teria gostado de ir junto às vezes, por vontade própria, mas do jeito que era, eu nunca tive prazer. Nunca. Ainda que hoje a imagem seja bem divertida. Pai, mãe e três filhas de bicicleta, não acha?

PETRA:
Acho. Acho, sim. Mas é claro que isso era uma brutalidade do seu pai. E não é nem por causa da imposição que eu falo. Eu me refiro a uma imposição que a gente aceita, que até mesmo deseja e precisa. Meio que pra conseguir fazer alguma coisa. Na vida a gente tem que chegar a algum lugar. E os seus pais, o que eles fazem?

KARIN:
Meu pai e minha mãe morreram.

PETRA:
Eu sinto muito por você. Logo os dois.

KARIN:
Meu pai primeiro espancou minha mãe até a morte e depois se enforcou.

PETRA:
Não! Que horror!

KARIN:
Tá vendo, agora a senhora já tá me olhando com outros olhos. Acontece com todo mundo. No começo gostam de mim, daí ficam sabendo da minha história e pronto, fim.

PETRA:

Não, Karin, não. Eu tenho... muito carinho por você. E mais ainda depois de ouvir sua história. Alguém tem que fazer algum bem pra você. Não quer me chamar de você? Não?!

KARIN:

Claro, é tão mais fácil.

PETRA:

Marlene, traz uma garrafa de espumante pra gente.

Marlene sai.

PETRA:

Ela é uma boa moça. Faz todo o meu trabalho. Mas me conta, como pode ser que, com os...

KARIN:

Com os meus pais? Foi muito simples. A senho... você não leu a história deles no jornal?

PETRA:

Não, não, eu não me lembro de ter lido.

KARIN:

Meu pai enchia a cara e... não, eu tô contando errado, porque... um dia eles falaram pro meu pai lá na firma dele, seu Thimm, nós somos uma empresa de alta performance, ou qualquer coisa dessas, e aqui não é mais lugar pra gente da sua idade. Eu não sei bem ao certo como foi, eu não tava lá, mas foi mais ou menos isso. Aí ele desmoronou, chorou e deu soco pra tudo quanto é lado, até que a segurança da fábrica pôs ele da porta pra fora.

Aí ele foi pro bar onde ele tinha mesa cativa e encheu a cara. O que é que alguém na situação dele pode fazer, e o papai sempre bebeu muito. Depois ele foi pra casa, apunhalou minha mãe e se enforcou. Ele não via mais como ele e a mulher poderiam ter um lugar no mundo. Uma história bem simples. Logo em seguida em fui pra Austrália. Mas lá também não é tudo tão cor-de-rosa. Oportunidades, essas coisas. Eles realmente deixam você de lado se você não correr atrás feito louca.

PETRA:
Ah, isso vai ter que mudar bastante, Karin, bastante mesmo. Nós duas, juntas, vamos nos esforçar pra você se dar bem na vida.

KARIN:
Seria bom. Falando sério, eu já desisti algumas vezes de ter esperança. Com o meu marido também foi uma bela duma merda. Ele me botava pra ralar e ficava falando que ia ganhar muito dinheiro, coisas do tipo. Vai demorar só mais um pouquinho. Ele era um pentelho na maioria das vezes.

Marlene traz o espumante, abre-o, serve duas taças, volta ao trabalho.

PETRA:
Saúde. A nós, e que a gente consiga fazer algo das nossas possibilidades.

KARIN:
Saúde.

PETRA:
Eu já fico imaginando você desfilando na passarela. Eu vou criar uma coleção exclusiva pra você. Vou fazer de você uma *top model*. É sério. Você é bonita, Karin.

Petra acaricia Karin, levanta-se rapidamente e coloca um disco na vitrola ("In My Room", dos Walker Brothers).

PETRA:
Você gosta desse tipo de música?

KARIN:
Gosto, sim.

PETRA:
São discos da minha juventude, e com eles eu posso ficar muito triste ou bem alegre. Depende. É da época do meu primeiro marido, sabe. Foi um amor lindo. Alguém já disse que tudo que é belo se acaba mais rápido, e sabe de uma coisa, um tanto disso é verdade. O Pierre teve um acidente, ele adorava dirigir automóveis. O Pierre era um... homem bonito — mas obsessivo. E... ele achava que era imortal. Só que não era. Quando a nossa filha nasceu ele já estava morto. Quatro meses. Não foi fácil pra mim. Destino. Mas tá tudo predeterminado. De um jeito ou de outro. Disso eu tenho certeza. Eu tive que suportar. Sabe, Karin, a humanidade é má. No fim das contas ela suporta tudo. Tudo. A humanidade é dura e bruta e todos somos substituíveis. Todos. A gente tem que saber disso.

Elas esperam a música acabar.

PETRA:
Onde você tá morando agora?

KARIN:
No Hotel Ouro do Reno.

PETRA:
No hotel? Mas isso com certeza é caro!?

KARIN:
Vinte e sete marcos, café da manhã incluído.

PETRA:
Então. Quem é que pode pagar isso por muito tempo? Você vem morar aqui comigo. É mais barato e... além disso é lindo.

KARIN:
É? Eu...

PETRA:
Ou não é?

KARIN:
Claro. Eu adoraria. Eu só queria dizer que em pouco tempo eu posso irritar a s... posso irritar você.

PETRA:
Eu me conheço, Karin. Você não vai me irritar. Eu me conheço. Eu passo muito tempo isolada e sozinha. A gente vai fazer algo lindo.

KARIN:
Se você acha que... sim, claro, eu adoraria. Verdade, eu...

PETRA:
Eu te amo. Eu te amo, Karin. Eu te amo. Nós vamos conquistar o mundo juntas. Eu não consigo me segurar, eu quero te acariciar, te beijar. Eu... [*ela a abraça*]

KARIN:
Eu também gosto de você, Petra, bastante, mas você tem que me dar um tempo. Por favor.

PETRA:
Eu te dou esse tempo, Karin. Nós temos tempo. Nós temos tanto tempo. Nós temos tempo pra nos conhecermos. Nós vamos nos amar. Marlene, traz mais uma garrafa de espumante.

Marlene sai.

PETRA:
Eu nunca, nunca senti amor por uma mulher. Eu estou alucinada, Karin, alucinada! E é lindo estar alucinada. É alucinadamente lindo estar alucinada.

Blecaute.

TERCEIRO ATO

É de manhã cedo e Karin ainda está na cama; Petra está se vestindo. Marlene retira a louça do café da manhã que está ao lado da cama. Karin lê uma revista.

PETRA:
Você desmarcou os voos?

KARIN:
O quê?

PETRA:
Se você desmarcou os voos.

KARIN:
E como? Se eu ainda estou na cama, me desculpa.

PETRA:
OK. Eu mesma faço.

KARIN:
Eu faço, eu faço. Deixa eu me levantar primeiro.

PETRA:
Não, eu mesma posso fazer. Por que não? [*vai até o telefone*] Alô? Eu tinha reservado com vocês dois voos pra Madri, no dia 25. Está nos nomes de Kant e Thimm, Karin Thimm. Sim? OK. Infelizmente eu vou ter que cancelar essas duas reservas. Não, por enquanto, não. Sim. Obrigada.

KARIN:
Na verdade, isso é totalmente desnecessário, desmarcar o voo. Ou o passageiro tá lá, ou não tá. Eles percebem isso a tempo.

PETRA:
Amorzinho, isso é um mandamento da civilidade. Com o tempo você vai aprender.

KARIN:
Obrigada.

PETRA:
De nada. Marlene!

Marlene entra.

PETRA:
Meus sapatos! Anda.

KARIN:
Cada vez mais eu acho que ela tem algum problema.

PETRA:
Ela não tem nenhum "problema", ela me ama.

KARIN:
Bom proveito!

Marlene traz os sapatos.

PETRA:
Obrigada.

Marlene volta ao trabalho.

PETRA:
Essa coisa de você não querer estudar mais é definitiva?

KARIN:
O que você quer dizer com definitiva? Eu não tenho mais nada que aprender.

PETRA:
Sempre dá pra aprender algo novo. Isso não termina nunca.

KARIN:
Você e suas sabedorias.

PETRA:
Não é sabedoria, é experiência. Olha, eu ligo lá e me desculpo por você, aí você vai poder voltar. Eu acho que é melhor pra você se você realmente levar uma coisa até o fim. Isso sempre dá resultado.

KARIN:
Se você acha.

PETRA:
Sim. Eu acho.

KARIN:
Então, tá.

PETRA:
Perfeito.

KARIN:
Faz um gim tônica pra mim?

PETRA:
[*faz o gim tônica*] Você tá bebendo feito esponja. Cuidado pra não ficar muito gorda.

KARIN:
Ah, vai se catar!

PETRA:
Pensa nisso, o teu corpo é teu capital, sem isso você não tem nada.

KARIN:
Se você acha.

PETRA:
Eu não acho, eu tenho certeza. Saúde.

KARIN:
Saúde.

PETRA:
[*senta-se na cama junto a Karin e a abraça*] Eu te amo.

KARIN:
Eu também.

PETRA:
Merda. Eu também. Eu também. Vai, fala: eu te amo.

KARIN:
Tá bom, tá bom!

PETRA:
Fala.

KARIN:
OK. Eu gosto de você. Eu amo você.

PETRA:
Você tem a pele mais linda desse mundo.

KARIN:
É?

PETRA:
É. E os cabelos mais lindos. E os ombros mais lindos. E... os olhos mais lindos. Eu te amo, eu te amo, eu te amo. Eu te amo.

KARIN:
Me larga, por favor.

PETRA:
E por quê?

KARIN:
Eu ainda não escovei os dentes.

PETRA:
Não faz mal.

KARIN:
Mas eu fico com vergonha. Sai. Eu quero continuar lendo. Por favor.

PETRA:
Tá bom, eu te deixo em paz. Já que você se incomoda tanto.

KARIN:
Eu não me incomodo. Mas também não dá pra gente passar as vinte e quatro horas do dia se pegando.

PETRA:
Dá sim.

KARIN:
Ah, Petra!

PETRA:
Eu podia ficar eternamente abraçada com você. Eu não sei por que você é tão agressiva. Como se eu tivesse feito algo contra você, e eu tô só me esforçando.

KARIN:
Eu não sou agressiva.

PETRA:
Você pensa que é tão simples. Só dizer que não é agressiva. E quando eu preciso de você, você me rejeita. Karin?

KARIN:
Oi?

PETRA:
Posso... eu quero me sentar mais um pouco aí com você.

Karin não reage. Petra senta-se na beirada da cama. Depois de um momento, começa a acariciar Karin.

PETRA:
E por onde foi que você andou essa noite? [*Karin não reage*] Karin?

KARIN:
Sim?

PETRA:
Eu perguntei onde foi que você esteve essa noite.

KARIN:
Eu fui dançar.

PETRA:
Até as seis da manhã?

KARIN:
E?

PETRA:
Porque não tem nada que fique aberto até essa hora.

KARIN:
Não?

PETRA:
Não. Com quem você foi "dançar"?

KARIN:
Com um homem.

PETRA:
Ah, é?

KARIN:
É.

PETRA:
Que tipo de homem?

KARIN:
Um preto bem grandão, com um pau preto enorme.

PETRA:
Ah bom. [*ela vai até o bar e prepara outro gim tônica*] Quer mais um?

KARIN:
Quero, faz mais um pra mim.

PETRA:
Por favor.

KARIN:
Ah, deixa pra lá.

PETRA:
Eu não quero deixar pra lá. Você bem que podia ser simpática. Por favor.

KARIN:
Obrigada, amor, obrigada!!

PETRA:
E como era o homem?

KARIN:
Na cama?

PETRA:
Por exemplo.

KARIN:
Insaciável.

PETRA:
É mesmo?

KARIN:
Totalmente. Imagina: mãos pretas bem grandes sobre a minha pele branca e delicada. E... aqueles lábios! Tá sabendo que todo negro tem os lábios grossos e quentes, né. [*Petra põe a mão no coração*] Você vai desmaiar, amor? [*ri descontroladamente*]

PETRA:
[*para Marlene*] Não fica olhando desse jeito, sua vaca. Vai buscar o jornal! Vai!

KARIN:

O que é isso, por que ficar logo histérica. [*Marlene sai*] Espera aí que ainda tem a melhor parte.

PETRA:

Não seja tão cruel.

KARIN:

Eu não tô sendo cruel, eu tô dizendo a verdade, Petra. A gente já combinou faz tempo que a gente deveria ser sempre honesta uma com a outra. Mas você não suporta isso. Prefere ouvir mentiras.

PETRA:

Isso, mente pra mim. Por favor, mente pra mim.

KARIN:

Então tá, não é verdade. Eu virei a noite passeando sozinha e pensando em nós duas.

PETRA:

Mesmo? [*esperançosa*] Não é verdade?

KARIN:

Claro que não. Eu dormi com um homem, sim. E não tem nenhuma importância, tem?

PETRA:

[*já chora*] Não. Não — claro que não. Mas eu não entendo, eu juro, não entendo. Por quê... Por quê...

KARIN:

Não chora, por favor, Petra. Olha, eu gosto de você, eu te amo... mas... [*ela dá de ombros. Petra chora copiosamente*] Olha, sempre teve claro que de vez em quando eu posso dormir com um homem. Eu sou assim. Não tira pedaço de ninguém. Um homem desses eu uso, só isso. Não tem nada além disso. Um pouco de diversão. Só isso. No começo você sempre falava em liberdade e essas coisas. Você sempre disse que não existe obrigação de uma com a outra. Não chora, vai — olha: eu sempre volto pra você.

PETRA:
Meu coração dói tanto. Como se tivessem enfiado uma faca nele.

KARIN:
Teu coração não precisa *de* doer. Não precisa.

PETRA:
Não *precisa doer*. Quem usa precisa com o *de* precisa aprender o que precisa *não* precisa.

KARIN:
Ah, Petra. É claro que eu não sou tão esperta como você, nem tão bem-educada. Eu sei muito bem disso, tá.

PETRA:
Você é bonita. Eu te amo tanto. Me dói tudo, de tanto que eu te amo. Ai, ai. [*ela vai preparar um drinque*] Quer mais um?

KARIN:
Eu tenho que cuidar do meu corpo.

Elas se entreolham e ao mesmo tempo começam a rir; param de rir ao mesmo tempo, entreolham-se por um momento, e Petra recomeça.

PETRA:
Você vai se encontrar com ele de novo?

KARIN:
Com quem? O homem?

PETRA:
Isso. Ou tem tantos assim?

KARIN:
Ah, vai.

PETRA:
Então?

KARIN:
Não, eu não vou encontrar ele de novo. Eu nem sei o nome dele. E ele também falou qualquer coisa de ser transferido, sei lá.

PETRA:
Verdade, um negro?

KARIN:
Verdade. Por quê?

PETRA:
Não, só pra saber.

KARIN:
Olha, ele era realmente espetacular, você também ia gostar dele. Ele nem era tão negro, só moreno, e tinha uma cara bem inteligente. Tem desses negros que tem umas caras bem europeias, não tem?

PETRA:
Tem? Eu não sei.

KARIN:
Claro, tem sim. Esse era um deles. Ele também me contou umas coisas bem bacanas sobre os Estados Unidos e tal.

PETRA:
Por favor, Karin. [*ela volta a chorar*]

KARIN:
Eu já vou terminar. Eu achei que a gente tivesse esclarecido isso antes.

PETRA:
Você não precisa ficar se gabando.

Ela prepara mais um drinque.

KARIN:
Você também tá enchendo bem o caneco.

PETRA:
E o que é que me resta?

KARIN:
Não exagera desse jeito, cacilda! Você tá bem histérica.

PETRA:
Eu não estou histérica. Eu tô sofrendo.

KARIN:
O que é isso, se você tá sofrendo faz até bem pra você, para com isso.

PETRA:
Tá, tá, vai simplificando as coisas assim. Se alguém sofre, então faz bem.

KARIN:
É assim que é.

PETRA:
Eu preferia ser feliz, Karin, pode crer. Eu preferia mil vezes ser feliz. Isso tudo me deixa bem doente.

KARIN:
Mas o que é que te deixa doente?

PETRA:
Ah, deixa pra lá.

KARIN:
Fala, o que é que te deixa doente?

PETRA:
Você. Você me deixa doente. Porque eu nunca sei de verdade por que é que você tá comigo, se é porque eu tenho dinheiro ou porque estou te dando uma oportunidade, ou porque... porque você me ama.

KARIN:
Mas é claro que é porque eu te amo. Merda.

PETRA:
Ah, para com isso. Ninguém aguenta uma incerteza dessas por muito tempo.

KARIN:
Se você não acredita em mim, então...

PETRA:
Como assim, acreditar. Não tem nada a ver com acreditar. Claro que eu acredito que você me ama. Claro. Mas eu não sei. Eu não sei. De verdade. Isso me deixa doente. É isso.

Entra Marlene com o jornal, que entrega a Petra; volta a desenhar. Petra abre o jornal.

PETRA:

Nossa! Olha só: "Petra von Kant abrilhanta a moda do próximo inverno com o lançamento de sua nova coleção." E uma foto sua.

KARIN:

Não! Mostra.

PETRA:

Aí.

KARIN:

Doidera. Tá boa, não tá? Me diz.

PETRA:

Sim, muito boa.

KARIN:

Muito boa, muito boa. Isso é incrivelmente massa. Minha primeira foto no jornal. Que loucura. [*abraça Petra, beija-a*] Eu te amo, vem.

PETRA:

Ah, para com isso.

KARIN:

Eu quero beijar você.

Elas se beijam. O telefone toca, Marlene se levanta, Petra se desvencilha de Karin.

PETRA:

Eu atendo. Pode deixar. Von Kant. [*para Karin*] É pra você. De Zurique.

KARIN:

De Zurique?

PETRA:

Sim. Quem que você conhece em Zurique?

KARIN:

Não faço a menor ideia. Alô? Aqui é a Karin Thimm. Quem... Freddi!!!! Você tá em Zurique? Como é que você foi parar em Zurique? Quando? Às três em Frankfurt? Peraí, vou perguntar. Quando é o próximo voo pra Frankfurt?

PETRA:

[*olha para seu relógio*] Às duas e meia.

KARIN:

Tem um avião às duas e meia de Colônia pra Frankfurt, vou tentar conseguir um lugar, se não, me liga de novo lá de Frankfurt. [*ela se vira para o outro lado*] Eu te amo. Tchau. [*ela desliga*] Era o meu marido!!!! O Freddi tá em Zurique. O Freddi tá na Europa. Tenta conseguir um voo pra Frankfurt pra mim, por favor, tenta?

PETRA:

[*vai mecanicamente até o telefone, Karin se levanta, veste-se*] Lufthansa? Aqui é Petra von Kant. Eu quero marcar uma passagem no voo das 14:25 pra Frankfurt... Lotado?

KARIN:

Não!! Por favor, por favor...

PETRA:
Ainda tem lugar na primeira classe? Tá bem, por favor uma reserva em nome de Thimm. Karin Thimm. Quarenta e cinco minutos antes da decolagem, eu sei. Até logo.

KARIN:
Ah, que loucura. O Freddi tá aqui. Loucura.

PETRA:
[*prepara mais um drinque*] Mas você sempre disse, você e seu marido, você sempre disse que não tinha mais nada.

KARIN:
Isso já faz tempo, Petra, eu...

PETRA:
Você tinha que... pelo menos me dizer que... vocês estavam de novo em contato.

KARIN:
Mas o Freddi é o meu marido. É claro que eu escrevi pra ele.

PETRA:
Mas você disse que queria se separar.

KARIN:
Eu disse que talvez a gente fosse se separar algum dia. Qualquer um muda de opinião em meio ano.

PETRA:
Sabe o que você é?

KARIN:
Não, mas com certeza você já vai me dizer.

PETRA:
Você é uma putinha escrota. Putinha e escrota.

KARIN:
É? Você acha?

PETRA:
Acho, acho sim. Uma criaturinha bem nojenta. Eu fico enjoada só de olhar pra você.

KARIN:
Então com certeza você vai ficar bem feliz que eu vou embora.

PETRA:
Ah, vou sim. E meio que já vai tarde. Só fico me perguntando por que é que você não foi fazer michê nas ruas logo de cara.

KARIN:
Porque não foi tão penoso ficar com você, amor.

PETRA:
Ah, tá. Isso eu entendo. Meu Deus, como você é má. Como é que se pode magoar uma pessoa desse jeito, vendo que ela tá totalmente entregue?

KARIN:
Eu não menti pra você, Petra.

PETRA:
Ah, sim, você mentiu. Você não deixou as coisas bem claras entre a gente, basta isso.

KARIN:
Eu falei pra você que eu te amo. Isso não é mentira, Petra, eu te amo. Eu te amo do meu jeito. Você tem que admitir isso.

PETRA:
Eu teria agido diferente desde o começo se você... como é que uma pessoa pode ser tão cruel, Karin. Você tá vendo como eu tô. O que tá acontecendo comigo.

KARIN:
Não é verdade. Por muito tempo eu não soube "o que tá acontecendo" com você. E no começo você também fez tipo como se fosse só diversão.

PETRA:
[*vai até Karin, abraça-a*] Eu não posso fazer nada se eu te amo. Eu preciso de você, Karin. Eu preciso tanto de você. [*ela se ajoelha, abraça as pernas de Karin*] Eu quero fazer de tudo por você. Eu só quero existir pra você nesse mundo, Karin. Eu não tenho nada mais além de você. Eu.. eu... me sinto tão só sem você Karin, tão só.

KARIN:
Só — sem uma... puta?

PETRA:
Ah, por favor, por favor, me perdoa. Só tenta entender. Como eu... me sinto... Não seja tão desalmada.

KARIN:
Levanta, eu tô com pressa.

PETRA:
Ah, sua porquinha nojenta. [*Petra cospe no rosto de Karin*]

KARIN:
Essa não vai ficar sem resposta. Essa você não vai esquecer nunca.

PETRA:

[*tenta abraçá-la novamente, mas Karin se esquiva*] Ah, Karin, eu não sei mais o que fazer. Entende, vai.

KARIN:

Me dá dinheiro, por favor. Eu preciso pagar a passagem. E pra Frankfurt: o Freddi nunca tem dinheiro.

PETRA:

Claro, pra isso eu sirvo bem. Pra pagar. Deus do céu. OK. Quanto. Diz.

KARIN:

Quinhentos.

PETRA:

[*vai até o armário, pega dinheiro*] Aqui. Mil. Pra vocês poderem aproveitar um pouco.

KARIN:

Eu só preciso de quinhentos. De verdade.

PETRA:

Leva esses mil, na boa. Agora tanto faz. [*vai até a mesa, pega a chave do carro*] Marlene, leva a Karin pro aeroporto. Eu tô muito torta.

Marlene vai com Karin até a porta. Marlene sai.

PETRA:

Karin, você tá indo embora de verdade, é isso mesmo?

KARIN:
É.

Petra senta-se, chorando. Karin vai até ela, acaricia seus cabelos.

KARIN:
Eu ainda volto. [*Petra assente com a cabeça*] Tchau. [*Karin vai até a vitrola, coloca "In My Room" e sai*]

PETRA:
[*soluça desesperadamente e, ao final da música*] Eu sou tão burra. Tão burra.

Blecaute.

QUARTO ATO

Petra, sozinha no palco, tropeça num tapete etc., já está alcoolizada. Na vitrola, "The Great Pretender", de The Platters. Ela canta junto, dança. Prepara mais um drinque. Toca o telefone. Petra corre para atender.

PETRA:
[*esperançosa*] Alô? Não, não é a von Kant. [*ela joga o telefone no gancho, senta-se numa poltrona, bebe. O telefone toca de novo, ela atende rapidamente. Esperançosa*] Sim? Não, não, não, não. [*ela desliga*] Eu te odeio, te odeio, te odeio. Eu te odeio. Eu te odeio. Se desse pra eu morrer agora. Simplesmente desaparecer. Essas dores. Eu não aguento. Eu... eu... eu não aguento mais. Meu pai do céu, essa filha da puta. Essa filha da puta escrotinha. Qualquer dia desses você vai ver. Eu vou acabar com você. Acabar. Você vai ter que se ajoelhar pra mim, sua putinha. Vai ter que lamber os meus pés. Puta que pariu, eu tô tão fodida. Meu Deus, o que foi que eu fiz pra merecer isso? O quê? [*o telefone toca*] Karin?! [*ela desliga*] Mas eu te amo. Não seja tão cruel, Karin! Que merda, que merda. Eu preciso tanto de você. Pelo menos telefona, por favor, pelo menos telefona. Eu quero pelo menos ouvir a sua voz. [*ela chora, vai até o bar e prepara um drinque*] Não dá trabalho nenhum, é só telefonar. Só telefonar. Trabalho nenhum. Mas esse ser desprezível nem pensa nisso. É tudo calculado, tudo calculado. Ela me faz esperar porque... ah, isso tudo é tão sujo. Você me dá nojo. Não passa de uma piranha rampeira. E eu te amo tanto. Eu te amo tão alucinadamente. Se você soubesse como isso dói. Ah, eu quero mais é que isso também aconteça com você. Eu

quero que você se acabe do mesmo jeito que eu tô me acabando. Tudo vai parecer bem diferente. Você é tão burra! Burra feito uma porta. Podia ser tão bom, nós duas juntas. Tão bom. Um dia desses você vai entender. Mas aí vai ser tarde demais. Tarde demais. Pode ter certeza, eu vou me vingar de você.

Toca a campainha, Petra sai correndo.

GABI:
Mamãe! Tudo de bom pelo seu aniversário.

PETRA:
Ah, Gabi!

Petra, a filha Gabi e Marlene entram.

GABI:
A vovó ainda não chegou?

PETRA:
Não.

GABI:
Eu tenho tanta, mas tanta coisa pra te contar

PETRA:
Claro, filha, claro. Marlene, faz uma xícara de café pra gente.

GABI:
Olha, esse voo, você tinha que estar nele. O avião balançou tanto. Eu passei bem mal. Ah, mamãe faz tanto tempo que

eu não vejo você. Mamãe, querida mamãe. Quatro meses. A Karin não taí?

PETRA:
Não.

GABI:
Mas ela ainda vem, não vem?

PETRA:
Não, eu acho que ela não vem.

GABI:
Ah, num faz mal. Eu nem gosto muito dela.

PETRA:
Não?

GABI:
Ah, sabe, ela na verdade é meio... meio vulgar, não é?

PETRA:
Não, ela não é.

GABI:
Bom, tanto faz. Ah, mamãe, eu tô tão infeliz.

PETRA:
Infeliz?

GABI:
Não, no fundo eu sou imensamente feliz. Ah, eu não sei mãe. É tudo tão difícil.

PETRA:
O que é que tá acontecendo, minha filha?

GABI:

Mamãe — eu tô apaixonada!

PETRA:

Você tá... [*começa a rir às gargalhadas*] Essa não, é muito engraçado. Você se apaixonou.

GABI:

Eu acho essa sua reação assustadora, mamãe. Que coisa mais careta.

PETRA:

Desculpa, filha, desculpa. É que pra mim você sempre foi uma menininha. Eu preciso me acostumar com o fato de que você cresceu.

GABI:

Sim, por favor. Ah, mamãe.

PETRA:

Conta, conta pra mim do seu namorado, vai.

GABI:

Na verdade, mãe, ele ainda nem é meu namorado. Ele nem sabe que eu tô apaixonada por ele. Ele é tão tosco, não dá pra acreditar. Já faz três semanas que eu tento paquerar ele, mas ele sempre me corta, na hora. Simplesmente me ignora. Ah, mamãe, é tão horrível.

PETRA:

Isso acontece, Gabi, vai por mim.

GABI:

Mãe... ele é tão bonito. Você não consegue nem imaginar como ele é bonito.

PETRA:

Consigo, sim. Ele é bem alto, magro, tem cabelos loiros compridos e se parece um pouquinho com o Mick Jagger.

GABI:

Como é que você sabe?

PETRA:

Ah — não conto.

GABI:

Ah, mamãe, você é tão esperta. Eu tenho a mãe mais esperta do mundo.

O telefone toca, Petra levanta-se numa corrida até o telefone, atende.

PETRA:

Sim? Não!!! [*ela desliga o telefone, senta-se na poltrona que está ao lado do telefone, soluça*]

GABI:

Mamãe, mamãe. Quem era? [*Petra chora*] Mamãe, mamãe, por favor, diz alguma coisa, o que é que tá acontecendo? [*também chora*] Não chora, mamãe, o que foi que aconteceu?

PETRA:

Nada, Gabi, nada. Para de chorar. Não aconteceu nada, de verdade. [*continua soluçando, levanta-se, vai até o bar, prepara um drinque, Marlene entra com o café, mãe e filha disfarçam as lágrimas. Ainda assim Marlene percebe que há algo errado e fica ali, parada*] Agora vê se traz o bolo e o chantili. [*Marlene continua parada. Petra grita*] É pra você sumir da nossa frente e buscar o bolo e o chantili, ou você tá ouvindo mal? Some daqui!! [*Marlene sai*]

GABI:
Por que você trata ela tão mal, mãe?

PETRA:
Porque ela não merece nada melhor e porque ela não quer que seja diferente. Ela tá feliz assim, entendeu?

GABI:
Não.

PETRA:
Ah, vai. A gente não precisa ter pensamentos a respeito dos empregados.

GABI:
Eu não quero brigar com você no seu aniversário, mãe, mas é bom que você saiba: nessas coisas eu penso muito diferente de você.

PETRA:
Também tá OK. As crianças afinal precisam desenvolver seus próprios pensamentos. Não é assim que se diz hoje em dia?

Toca a campainha. Petra quer correr para a porta, mas Gabi se adianta.

GABI:
Eu abro, pode deixar. [*Petra está muito tensa e esperançosa. Gabi volta*] Posso anunciar: a baronesa Sidonie von Grasenabb.

Petra se afasta, num momento tem-se a impressão de que ela vai quebrar o copo que tem na mão de tanto apertar, mas ela se recompõe no momento em que entra Sidonie.

SIDONIE:
Petra! Querida!

PETRA:
Sidonie!

SIDONIE:
Tudo de bom nesse seu aniversário. De coração, Petra. [*entrega-lhe um presente*] Abre depois. E a escola, Gabi?

GABI:
Dá pro gasto, tia Sidonie.

SIDONIE:
Eu também acho que se dá pro gasto, dá pro gasto.

PETRA:
Marlene! Mais uma xícara, rápido!

GABI:
Eu acho que a mamãe trata a Marlene mal, você não acha?

PETRA:
Gabi!

SIDONIE:
E eu também acho, Gabi, que você ainda não tem idade suficiente pra fazer julgamentos sobre o comportamento da sua mãe.

GABI:
Tá bom, então eu fico quieta.

SIDONIE:
Amada! Como é que você tá?

PETRA:
Como é que eu posso estar. Bem.

Marlene traz uma xícara para Sidonie.

SIDONIE:
Obrigada. Me conta. Eu li sobre o seu sucesso em Milão. Parabéns.

PETRA:
Sabe de uma coisa, essa merda toda me cansa a beleza.

Gabi ri.

SIDONIE:
Não ri.

PETRA:
Deixa ela rir.

SIDONIE:
Por favor. Sua mãe tá dizendo que é pra você rir.

PETRA:
Eu tô com esse trabalho pelas tampas, quer saber. Sempre criando coisas e andando por aí, tendo medo de que a coleção não cole. E sempre a mesma coisa. E pra quê?

SIDONIE:
Muito simples. Porque a gente tem que viver, Petra. E porque a gente tem que trabalhar se quiser ganhar dinheiro, e porque a gente precisa de dinheiro pra viver.

PETRA:
Então. Antes eu ainda tinha prazer no trabalho. Mas ele me consumia. Acabou. Finito. [*grita*] O bolo!! Ela tirou o dia pra me irritar.

SIDONIE:
Eu acho que não, Petra.

GABI:
Se ela pelo menos fizesse isso.

SIDONIE:
Gabi. Assim também não.

Marlene entra, trazendo o bolo. Coloca-o sobre a mesa, sai. Há uma pausa embaraçosa.

SIDONIE:
Sabe da Karin, não?

PETRA:
Da Karin? Não, e você?

SIDONIE:
Sei. Eu sei que ela conseguiu um trabalho na Pucci.

PETRA:
Ah, na Pucci?

SIDONIE:
Na Pucci. Essa moça tem talento. Vai fazer carreira. Tenho certeza disso.

PETRA:
Talento? Ela não tem talento, Sidonie, ela sabe se vender.

SIDONIE:
Não sei, Petra, se você não tá sendo injusta com ela. Pode ser que nesse caso o seu julgamento seja muito subjetivo. Falando nisso, ela tá em Colônia hoje.

PETRA:
Ela está?... Ah, você é a maior fera da informação, amor. De verdade.

SIDONIE:
Eu tenho que ser sincera: a Karin me telefonou hoje de manhã — se não, eu obviamente não teria a menor ideia.

PETRA:
Você...

SIDONIE:
Eu disse pra ela *sim*, claro, que é seu aniversário hoje, amor. Ela também disse que ia tentar dar uma passadinha, mas não podia dar certeza, ela tinha um montão de coisas pra fazer. Pff...

PETRA:
Ela tem um montão de coisas pra fazer? Ah tá, tô sabendo. [*ela vai até o bar, Sidonie se levanta e vai até ela*]

SIDONIE:
Não bebe tanto. Você tem que se cuidar, Petra, é muito fácil escorregar nesse mundo.

Toca a campainha. Sidonie e Petra olham como que petrificadas para a porta, Gabi corre para fora, volta com a mãe de Petra.

VALERIE:
Puxa, Petra, me desculpe. Eu tentei e tentei conseguir um táxi. Parabéns pelo seu aniversário. Vem mais alguém?

PETRA:
Não!

VALERIE:
Então vamos todas sentar bem confortavelmente. Sidonie, minha criança, você está cada vez mais jovem.

SIDONIE:
Oi, tia. Quando a gente é feliz é assim, é só por isso.

VALERIE:
O trânsito nessa cidade ainda me mata. Juro. E a escola, Gabriele?

GABI:
Dá pro gasto.

VALERIE:
Vocês brigaram?

GABI:
Me proibiram de falar, vovó.

SIDONIE:
Isso não é verdade, Gabi.

GABI:
Vocês me proibiram de ter uma opinião, ou não proibiram?

SIDONIE:
Ninguém te proibiu de coisa nenhuma, isso é pura mentira.

GABI:
Claro que vocês me proibiram de dizer qualquer coisa.

SIDONIE:
Que criança horrível.

VALERIE:
Fiquem calmas, crianças. Vamos ser agradáveis umas com as outras.

Petra joga seu copo contra a parede. Marlene entra correndo. Retira os cacos.

VALERIE:
Petra!

PETRA:
Eu tenho nojo de todas vocês.

SIDONIE:
[*levanta-se*] Mas o que é isso!

VALERIE:
Por favor, senta. O que é que está acontecendo, minha filha?

PETRA:
Vocês são todas tão falsas, são umas vacas falsas e escrotas. Vocês não fazem a menor ideia.

GABI:
Mãe!

PETRA:
Você é uma criança repulsiva. Eu te odeio. Eu odeio todas vocês.

GABI:
Ah, mamãe, mamãe.

PETRA:
Não encosta em mim. Marlene, me faz um gim tônica. Se vocês soubessem o quanto vocês são nojentas. Saúde. Suas parasitas.

VALERIE:
Mas o que é que ela tem?

SIDONIE:
Pobre Petra.

PETRA:
Pobre coisa nenhuma. Só estou vendo vocês com novos olhos. E o que eu vejo me dá ânsia de vômito. [*Ela atira o copo*]

VALERIE:
Para com isso! Você ainda vai destruir a casa inteira.

PETRA:
E? Você trabalhou pra isso? Você não moveu uma palha na sua vida inteira. Primeiro o papai te sustentou, depois eu. Sabe o que você é pra mim? Uma puta, mãe, uma puta escrota, desgraçada e horrorosa.

VALERIE:
O Petra, Petra!

Petra vira a mesa do café.

GABI:
Mamãe.

PETRA:
O que eu consegui com o meu trabalho eu quebro o quanto eu quiser. Tá claro isso, ou não?

VALERIE:
Eu não estou entendendo mais nada, nada. O que foi que nós fizemos pra você?

SIDONIE:
Tudo por causa dessa mulher.

VALERIE:
Por causa de qual mulher?

SIDONIE:
Por causa da Karin.

VALERIE:
Por causa da Karin? O que é que tem a Karin?

SIDONIE:
Todo mundo sabe que a Petra é louca pela Karin.

PETRA:
Louca? Eu não sou louca, Sidonie. Eu amo ela. Eu amo ela como eu nunca amei ninguém nessa vida.

VALERIE:
Você ama ela? Você ama uma mulher? Ah, Petra, Petra.

PETRA:
O dedo mindinho dessa mulher vale mais do que todas vocês juntas. Oh, Karin, Karin.

GABI:
Mamãe, por favor, mamãe.

PETRA:
Sai da minha frente, sua monstra. Marlene, gim tônica, dez gim tônicas.

VALERIE:
Minha filha ama uma mulher. Uma mulher, minha filha! Deus do céu, que horror.

Toca o telefone, Petra corre para atender.

PETRA:
Karin? [*desliga*] Ah, não, não, eu não aguento mais. Eu não aguento. Eu quero destruir tudo, tudo, tudo.

SIDONIE:
Vê se se acalma de novo, Petra.

PETRA:
Do que é que você tá falando, você se diverte com isso. Assunto pra conversa de um ano. Cala essa boca. Eu tô me sentindo tão mal. Ai-ai-ai-ai-ai.

SIDONIE:
Eu tô indo embora. Eu não preciso aturar isso. Não mesmo.

PETRA:
Vai embora. Se manda daqui. [*ela arrasta, empurra Sidonie*] Você acha que eu dou bola pra você? Eu não quero ver você nunca mais na vida. Nunca mais, entendeu? Nunca mais.

SIDONIE:
Você ainda me paga, Petra. Isso não vai ficar sem troco.

PETRA:
Eu não vou pagar mais nada. Eu já pago o suficiente. Tem mais alguém que quer ir embora? A porta tá aberta. Vão embora. Vão embora, eu não tenho mais nada pra oferecer. Eu tô na merda. Gim, gim, Marlene. Ou você também quer sumir? A troco de que vocês estão chorando? De quê? Vocês são todas felizes, felizes, todas. [*desmorona*]

VALERIE:
Ah, filha. Pobre, pobre filha.

PETRA:
Eu quero morrer, mamãe. Eu quero morrer de verdade. Não existe mais nada nesse mundo pra querer continuar vivendo. A morte... na morte é tudo calmo, é tudo bonito. E tranquilo, mamãe, muito tranquilo.

GABI:
Mamãe. Mamãe. Eu te amo tanto.

PETRA:
É só tomar uns remédios, mamãe, colocar num copo d'água, engolir e dormir. É gostoso dormir, mamãe. Faz tanto tempo que eu não durmo. Eu quero dormir por muito tempo, dormir, dormir um tempão.

Blecaute.

QUINTO ATO

Petra sentada numa poltrona, Marlene desenha no cavalete. Entra Valerie.

VALERIE:
A Gabi está dormindo.

PETRA:
Eu vou me recuperar, mamãe.

VALERIE:
Quando assustado, o ser humano se apequena. [*Ela vai até o bar, prepara dois drinques, um deles para Petra*]

PETRA:
Obrigada.

VALERIE:
Mais ou menos agora, há trinta e cinco anos, você veio ao mundo. A Gabi ficou chocada.

PETRA:
Ah, mãe, por favor.

VALERIE:
Não é nenhuma acusação, Petra. É só pra você saber. Eu visitei o túmulo do papai e tinha flores, não sei quem colocou. Já é a segunda vez que isso acontece.

PETRA:
Eu tinha medo que você me odiasse por causa da Karin.

VALERIE:
Eu sei. Talvez eu até tivesse odiado, quem sabe. Chovia há trinta e cinco anos. A chuva batia forte na janela.

PETRA:
Eu estou com muito medo, mamãe. A gente é tão só.

VALERIE:
Ultimamente eu tenho ido muito visitar o túmulo do papai. Muito mais que antes. Eu também estou indo de novo na igreja.

PETRA:
Nem no trabalho eu tinha mais prazer nesse último meio ano. E sempre a sensação de que a cabeça vai explodir, de tanta dor.

VALERIE:
A gente tem que ter coragem de acreditar. Todo mundo precisa de algum tipo de conforto. Todo mundo, Petra. E... todo mundo é solitário sem Deus.

PETRA:
Não, mãe, isso não é conforto. A gente tem que aprender a amar sem exigir nada.

VALERIE:
É a mesma coisa, vai por mim, Petra.

PETRA:
Eu nem amava ela. Eu só queria ser a dona dela. Já passou. Agora só que eu estou começando a amar ela. Eu aprendi, mamãe, e foi muito dolorido. Tinha que ser um aprendizado, mas não precisava doer tanto.

VALERIE:
Você precisa ser boa com a Gabi. Crianças são tão sensíveis.

PETRA:
Eu sei.

VALERIE:
Ela chorou muito antes de adormecer. Você tem que dar a chance de ela te conhecer de novo.

PETRA:
Não seja cruel comigo, mamãe, o que é que você ganha com isso?

VALERIE:
É preciso dizer o que a gente sabe. [*toca o telefone. Valerie atende*] Aqui é da casa da Petra von Kant. Quem gostaria? Um momentinho, por favor. [*ela tapa o fone*] Karin.

PETRA:
[*levanta-se lentamente, vai até o telefone, pega o fone*] Karin. Sim, obrigada. Bem, sim. Amanhã? No Tchang? OK. Até amanhã. Tchau. [*ela desliga o telefone, continua de pé*] Você já pode ir, mãe. Agora eu tô calma. Eu estou em paz outra vez. Eu ligo pra você.

Valerie pega suas coisas etc., sai sem falar nada. Depois de um momento, Petra coloca um disco na vitrola. Ouve a música de pé. Ao fim da música:

PETRA:
Eu tenho que pedir desculpas por muitas coisas pra você, Marlene. Daqui pra frente a gente vai trabalhar juntas de verdade, você tem que ter a diversão que você merece. Você tem que

poder ser feliz. [*Marlene se levanta, vai até Petra, ajoelha-se diante dela, quer beijar suas mãos*] Assim não. Vamos sentar. [*elas se sentam*] Me conta da sua vida.

Blecaute.

PETRA

uma adaptação da Cia.BR116

Petra estreou em 13 de julho de 2024 no Teatro Cacilda Becker, em São Paulo.

Texto
Rainer Werner Fassbinder

Tradução
Marcos Renaux

Adaptação
Cia.BR116

Direção
Bete Coelho e Gabriel Fernandes

Elenco
Bete Coelho como Petra von Kant
Luiza Curvo como Karin Thimm
Lindsay Castro Lima como Marlene
Clarissa Kiste como Sidonie von Grasenabb
Renata Melo como Valerie von Kant
Miranda Frias como Gabriele von Kant

Participação especial
Lais Lacôrte

Cenário
Daniela Thomas e Felipe Tassara

Produtor de cenário
Mauro Amorim

Assistente de direção
Patrícia Savoy

Direção musical
Felipe Antunes

Assistente de direção musical
Fábio Sá

Figurino
Renata Correa

Diretor técnico
Rodrigo Gava

Desenho de luz
Beto Bruel

Operadora de luz
Patrícia Savoy

Operador de som
Rodrigo Gava

Design gráfico
Celso Longo + Daniel Trench

Diretor de comunicação
Maurício Magalhães

Assessoria de imprensa
Fernando Sant'Ana

Design de mídia social
Letícia Genesini

Assessoria jurídica
Olivieri & Associados

Produtora executiva
Mariana Mantovani

Direção de produção
Lindsay Castro Lima

Produção
Cia.BR116 — Teatrofilme

Personagens

Petra von Kant
Valerie von Kant, sua mãe
Gabriele von Kant, sua filha
Sidonie von Grasenabb, sua amiga
Karin Thimm, sua amante
Marlene, sua auxiliar

PRIMEIRO ATO

Marlene abre ruidosamente as cortinas.

PETRA:

Marlene! Um pouco mais de sensibilidade, por favor. Eu tive uns pesadelos. Minha cabeça tá... parece chumbo. O telefone. Anda! Liga pra minha mãe.

Marlene entrega-lhe o telefone.

PETRA:

Alô? [*para Marlene*] Faz um suco de laranja pra mim. Estou morrendo de sede! [*para o telefone*] Mamãe! Ontem não deu, mamãe. É, muito trabalho. Não, eu já levantei faz tempo. A gente não tem sossego mesmo. E isso também é bom, né? Pra onde? Miami? Ah, eu fico feliz por você, mãe, Miami é o máximo. Verdade, é o máximo mesmo. Simplesmente espetacular. Seis meses? Ah, mamãe. Nem sei o que dizer. Seis meses, tô morrendo de inveja. Miami, seis meses.

Marlene traz o suco. Petra cobre o fone com a mão.

PETRA:
Obrigada. Já vai desenhando. Os croquis estão ali. [*para o telefone*] Como? Ah, claro, eu te ouvi mãe, mas a ligação tá meio ruim, desculpa. Para de se ofender, mãe. Eu não tô mentindo. Tá bom, mamãe, eu tô te ouvindo. Sei. Entendo. Claro. Sim. Quanto? Oito mil? É muito. Espera um pouco. [*para Marlene*] O que é que eu faço? [*para o telefone*] Eu posso te emprestar cinco mil, mais do que isso não dá. Você sabe, as despesas todas, e ainda tem a Gabriele. [*silêncio. Valerie parece ter desligado*] Tchau. [*desliga o telefone*] O desenho tem que ficar pronto até o meio-dia, tá? Alguma mensagem?

Marlene entrega-lhe um tablet.

PETRA:
Giorgio?! Querem que eu desenhe uma coleção pra eles! Marlene, você ouviu essa? É a minha chance! Canalhas! Você se lembra quando ofereci a minha primeira coleção pra eles, há três anos, quase me ajoelhando? Bom, os tempos mudam. Bem bonzinho o sujeito, bem submisso, pensando bem...

Petra levanta-se e coloca um disco na vitrola.[1] *Pela metade da música, Petra e Marlene dançam. A campainha toca.*

PETRA:
Agora? Quem...? Abre. Tanto faz.

Marlene sai. Entram Marlene e Sidonie.

SIDONIE:
Amor!

PETRA:
Sidonie! Querida!

SIDONIE:
Petra! [*elas se abraçam*]

PETRA:
Meu Deus, quanto tempo...

SIDONIE:
Três anos, querida. Três anos. Como passa o tempo. Mas você está tão bem. Espantosamente bem. Como você consegue?

PETRA:
Você não fica nada atrás.

SIDONIE:
E o Frank? [*Petra finge que não escuta*] Eu li sobre vocês. Na Austrália, imagina! Eu logo disse pro Lester, deu no que deu. E como nós alertamos você sobre esse homem.

---

1. Música "Febre", de Felipe Antunes e interpretada por Laís Lacôrte.

PETRA:

Experiência a gente só adquire vivendo, Sidonie. Eu estou bem feliz que as coisas aconteceram do jeito que aconteceram.

SIDONIE:

Eu sei lá, Petra, quando dá pra ver o fim logo no começo, será que a experiência vale a pena?

PETRA:

[*cortando Sidonie*] Marlene, faz café — ou você prefere um chá?

SIDONIE:
Pode ser café.

PETRA:
Você tomou café da manhã?

SIDONIE:

Tomei sim, obrigada. [*pausa*] Eu voei hoje de manhã pra cá só pensando em você. Se você tá sofrendo...

PETRA:

Sidonie, as pessoas evoluem. Antigamente, eu não saberia o que fazer. E a vergonha! Só que, você sabe, num casamento os lados mais terríveis da personalidade acabam tomando conta.

SIDONIE:
Eu não sei muito bem, não, com o Lester...

PETRA:

É que vocês, de tanto viajar por aí, ainda nem tiveram tempo de se conhecer direito. Mas eu e o Frank, a gente tava junto dia e noite. Dia e noite. Dá pra perceber de que tipo de matéria o outro é feito... Desculpa, eu não queria ser tão amarga... Não era pra ser.

SIDONIE:
Você ainda sonha com ele?

PETRA:
Não, Sidonie. É triste perceber que as coisas que incomodam superam a beleza do que você sente.

SIDONIE:
Vocês brigavam...?

PETRA:
Não. Às vezes tinha uma frieza, sabe, essa que a gente sente e... você quer falar uma coisa, mas você fica com medo. Quer ser carinhosa, mas tem medo. Você fica com medo de perder pontos, quer dizer: de parecer a pessoa mais fraca da relação. É horrível, não tem mais volta.

SIDONIE:
Mas não pode ter durado três anos desse jeito.

PETRA:
Não, claro que não. Teve momentos que foram bonitos, momentos em que a gente esquece de tudo, tudo... enfim, não deu.

SIDONIE:
Eu estou vendo que isso tudo endureceu você. Triste... Sempre suspeitei de mulheres duronas.

PETRA:
Parece que você não está muito acostumada com a ideia de que mulheres pensam. [*Sidonie se senta, em silêncio*] Me perdoa, eu não queria te ofender. Eu só gostaria que você escutasse de verdade.

SIDONIE:
Claro. É claro que eu entendo a sua amargura. Ele... pediu... o divórcio?

PETRA:
Não, eu pedi.

SIDONIE:
Não foi ele?

PETRA:
Te surpreende?

SIDONIE:
Ele...

PETRA:
Não, ele não me traiu. Pra começar, uma traição pra mim não seria motivo de separação. Quando tudo está errado num relacionamento nasce uma certa aversão... ódio mesmo.

Marlene entra, serve o café.

PETRA:
Obrigada.

SIDONIE:
Obrigada também.

PETRA:
Continua desenhando. É urgente!

Marlene volta a desenhar.

SIDONIE:
[*indicando Marlene*] A gente pode...?

PETRA:
Marlene? A Marlene tá comigo há três anos. A Marlene escuta tudo, vê tudo, sabe tudo. Não precisa se preocupar com a Marlene.

SIDONIE:
Sabe, Petra — o Lester e eu, nós também tivemos um tempo em que tudo parecia: "pronto, agora acabou". Tinha assim como que um tédio, uma certa repulsa até. E... temos que ser inteligentes, compreensivas, humildes. Nós mulheres, temos armas, é só saber usar.

PETRA:
Humildes? Quando eu escuto uma palavra como humildade, eu fico...

SIDONIE:
A humildade surtiu efeito. Ele acha que manda em mim, eu deixo ele acreditar nisso e na realidade ele faz o que eu quero.

PETRA:
Eu entendo. Isso pode valer pra vocês dois. Só que... o Frank e eu... a gente só queria ser feliz junto, entende. Sem jogos, sem manipulação. Um amor de verdade, bonito. Sermos livres.

SIDONIE:
E o que foi que aconteceu, então? Já que vocês tinham tanta clareza?

PETRA:
Sucesso, por exemplo. O sucesso que eu tive e que o Frank não teve. Foi assim que começou.

SIDONIE:
Vai me perdoar! Sucesso não é motivo...

PETRA:

Homens. E a vaidade deles. Ah, Sidonie. Ele queria me sustentar. Ele queria que eu comesse na mão dele. É aí que a opressão vai se instalando. Mas e o dinheiro? Quem ganha o dinheiro? Quem se mata de tanto trabalhar? No início era: "Amor, o que você ganhar, vamos guardar pra isso e aquilo..." Ele era tão delicado. Às vezes o amor que ele sentia por mim me deixava sem ar, de tanta felicidade. Mas quando ele faliu, eu achava que ele sabia o quão ridículo era o comportamento dele. Ele não sabia. Lentamente a honestidade começou a morrer. Eu deixei de amá-lo. Ele não aceitou. Foi aí que ele tentou segurar a mulher na cama. Ele tentou com uma nova técnica: a violência. Eu deixava ele vir por cima de mim. Eu suportava. Mas... o homem era nojento.

SIDONIE:
Petra!

PETRA:
Ele fedia. Ele fedia a homem. Assim como os homens fedem. O que antes me atraía... agora só me causava vômito e lágrimas. As lágrimas amargas de Petra von Kant. E o jeito que ele trepava...

SIDONIE:
Não, Petra, por favor!

PETRA:
As dores, Sidonie, você não pode imaginar as dores. Ele achava que eu chorava de prazer. Ele era tão burro, tão burro. Os homens são burros desse jeito.

SIDONIE:
Petra! Como você sofreu.

PETRA:
Eu não suportava mais ouvir ele mastigando, e quando ele engolia — eu não aguentava mais. O jeito que ele cortava a carne, como ele comia, segurava o cigarro. Tudo era ridículo. Eu tinha vergonha dele, porque eu achava que as pessoas enxergavam nele o mesmo que eu. Acabou. Fim. [*pausa*] Eu tenho vergonha.

SIDONIE:
Não precisa ter. Você não precisa ter vergonha. Você afinal tentou aprender. Tentou entender. Enquanto eu...

Toca a campainha.

PETRA:
Marlene!

Marlene se levanta, sai.

SIDONIE:
Com certeza é a Karin.

PETRA:
Karin?

SIDONIE:
Uma menina encantadora. Eu conheci ela no voo da Austrália pra cá. Ela quer morar aqui em Berlim.

Marlene entra com Karin.

SIDONIE:
Karin?

KARIN:
Oi.

SIDONIE:
Essa é a Petra, Petra von Kant, de quem eu tanto te falei.

PETRA:
Fique à vontade.

KARIN:
Obrigada.

PETRA:
Chá? Ou conhaque?

KARIN:
Conhaque.

PETRA:
Marlene! Conhaque. Você, Sidonie?

SIDONIE:
Não obrigada; de manhã, por favor.

KARIN:
Engraçado, eu imaginei a senhora bem mais velha, quer dizer: mais distinta, é assim que se diz?

PETRA:
É sim, é assim que se diz. Mas por que mais velha?

KARIN:
Pessoas com tanto sucesso, famosas... Eu não sei... em geral são mais velhas.

SIDONIE:
É a exceção que confirma a regra.

Marlene traz duas taças de conhaque, serve a bebida.

KARIN:
Saúde.

PETRA:
Saúde.

Silêncio.

SIDONIE:
Bom, é hora de ir, Karin. Petra! Qualquer hora eu te ligo e fico mais tempo. Tchau.

PETRA:
Isso, me liga. Se cuida. Até mais.

KARIN:
Até mais.

PETRA:
Ah, ééé...

KARIN:
[*voltando-se para Petra*] Oi?

PETRA:
Você tem uma bela presença, você deveria trabalhar... Quem sabe você não passa por aqui uma hora dessas.

KARIN:
Adoraria.

SIDONIE:
Karin!

PETRA:
Amanhã, por exemplo. Amanhã à noite. Às oito.

KARIN:
Até amanhã.

Karin sai. Petra vai até o cavalete, olha os desenhos de Marlene. Marlene entra.

PETRA:
Você modificou o decote? É... ficou bom. Mais comercial.

Blecaute.[2]

---

2. Música "Lili Marleen", letra de Hans Leip e melodia de Norbert Schultze — uma referência ao filme *Lili Marlene* —, interpretada por Laís Lacôrte.

SEGUNDO ATO

Noite. Petra se veste; Marlene a ajuda. Toca a campainha.

PETRA:
Marlene! A campainha, Marlene. Eu não estou nada pronta. Abre.

Marlene sai; depois de um momento entra trazendo Karin, acende a luz e sai. Karin vai até o espelho e olha-se longamente.

PETRA:
[*fora de cena*] Então. Aí está você.

KARIN:
Sim, aqui estou eu.

Petra entra, vai até ela, como se quisesse abraçá-la. Detém-se. Ambas riem.

PETRA:
Está gostando de Berlim?

KARIN:
Eu fiquei só cinco anos fora. Sim. Tô gostando. Mudou muito pouco.

PETRA:
É raro alguma coisa mudar por aqui. As coisas são como são. [*pausa*] Me conta sobre você.

KARIN:
Sobre mim? Não tem nada pra contar.

PETRA:
Ah, tem sim: o que você pensa ou o que você sonha.

KARIN:
Pouca coisa. Eu quero ter um lugar no mundo. É querer muito?

PETRA:
Não, ao contrário, Karin, ao contrário. É pra isso que a gente vive, pra lutar por um lugar.

KARIN:
E... tem que lutar?

PETRA:
Com certeza. Eu também tive que lutar. As coisas são assim.

KARIN:
Eu sei lá, eu sempre me achei muito preguiçosa pra lutar.

PETRA:
Preguiçosa?

KARIN:
É. Eu gosto mesmo é de deitar na cama, ler revista, romance...

PETRA:
Talvez você ainda não tenha a motivação adequada pra vida. Tem tanto pela frente. Coisas boas, más, feias, bonitas. Pra você, a vida só está começando.

KARIN:
É?

PETRA:
É. Ou não é?

KARIN:
Eu bem que já deixei algumas coisas pra trás. Eu sou casada e...

PETRA:
Você é...?

KARIN:
Sou. O meu marido ficou na Austrália. A gente tinha... Ah, as coisas não são nada fáceis.

PETRA:
Não. Nada é fácil. Nada. A gente tem que ser mais ou menos versada nessa coisa de humildade.

KARIN:
Humildade?

PETRA:
É. Eu acho que temos que ser humildes pra poder suportar melhor o que a gente tem que aceitar. Eu tenho humildade diante do meu trabalho, por exemplo, do dinheiro que eu ganho.

KARIN:
Eu acho a palavra "humildade" muito esquisita. Soa meio como — ajoelhar e rezar.

Marlene traz uma mesinha com petiscos.

PETRA:
Obrigada. [*pausa*] Obrigada! [*para Karin*] Sirva-se.

Marlene sai.

PETRA:
Você consegue se imaginar trabalhando como... modelo? Acha que seria divertido?

KARIN:
Eu não conheço a profissão, o que precisa ter ou fazer, mas em princípio — por que não?

PETRA:
Marlene! Música! [*para Karin*] Desfila.

Marlene coloca música.[3] *Karin desfila e Petra a observa, encantada.*

PETRA:
Claro que não é só subir na passarela e achar que já sabe tudo. Você tem que estar disposta a aprender.

KARIN:
Eu quero aprender. Eu não quero nada de presente.

PETRA:
É claro que eu posso facilitar bastante as coisas.

KARIN:
Obrigada.

PETRA:
Pode ser que você tenha dificuldades no começo, eu quero dizer, dificuldades financeiras.

---

3. Música "Sonho Sci-fi", de Fábio Sá.

KARIN:
Provavelmente. Eu...

PETRA:
Eu vou ajudar você. É um presente. Não é por isso que não vai dar certo.

KARIN:
Sim. Muito simpático da senhora.

PETRA:
Sabe, o lindo nessa profissão é que se viaja muito. Eu adoro as cidades do mundo à noite. Você gosta de viajar?

KARIN:
Depende. Sim. Eu acho que sim.

PETRA:
Pode ser maravilhoso. Viajar muito, muita coisa pra ver, pra viver. Cidades desconhecidas, música. Você gosta de arte?

KARIN:
Arte? Não sei.

PETRA:
Teatro, concertos, bons filmes? Não?

KARIN:
Claro. Eu gosto bastante de ir ao cinema. Filmes de amor e essas coisas. Com sofrimento. Aí é legal.

PETRA:
[*desconfiada*] É? Nós podemos aprender coisas juntas. Vai dar muito certo. Eu tive sorte com os meus pais, sabe. Logo cedo eles me orientaram pras coisas belas da vida. [*Marlene para a música. Pausa*] E como eram os seus pais?... Profissão, por exemplo.

KARIN:
Meu pai era ferramenteiro.

PETRA:
Ah! Que interessante.

KARIN:
É. Nem tanto. Muito trabalho e pouca diversão. Casa pequena, três filhos, muita gritaria.

PETRA:
E eles cuidaram bem de você?

KARIN:
Cuidar, nem sei o que é isso. A gente simplesmente existia e era um estorvo. Pelo menos na maior parte do tempo.

PETRA:
Você sabe, eu também tenho uma filha. Eu não consigo me ocupar dela o tempo todo, claro, mas eu sei que ela está na melhor das escolas, num colégio interno. Saber disso me acalma. Eu gostava de ir pra escola, e você?

KARIN:
Hmm... não. Não, acho que não. Eu me lembro bem que eu fiquei feliz quando acabou. Ainda que eu tivesse sido relativamente boa aluna, eu acho.

PETRA:
Você com certeza é muito inteligente.

KARIN:
Sim, inteligente, pode ser. Mas naquela época eu não gostava de estudar. As matérias que me interessavam andavam sozinhas, isso era legal.

PETRA:
Eu também era assim. No que eu me interessava, eu era imbatível. Vai saber por que, naquela época eu tinha uma queda por matemática.

KARIN:
Eu sempre fui ruim de conta.

PETRA:
Estranho. Eu me interessava muito por álgebra!

KARIN:
Álgebra! Eu nunca entendi como é que um número de repente recebe uma letra. Educação física era legal. Já física...

PETRA:
Eu gostava mais de física do que educação física. Exige... disciplina.

KARIN:
Disciplina é OK, mas tem que ter prazer.

PETRA:
Engraçado... eu preciso de um estímulo para fazer qualquer coisa. Assim, sem nenhuma pressão, eu acho que estaria frita muitas vezes.

KARIN:
Tá, eu consigo entender, mas se for sem pressão eu acho melhor. Meu pai, por exemplo, todo domingo ele saía pra um passeio de bicicleta com a gente. E ele brigava com a minha mãe todos os domingos, e por nada. Fazer o quê. Em todos os casos, a gente era sempre obrigada a ir junto. Toda vez. Com certeza eu teria gostado de ir junto às vezes, por vontade própria, mas do jeito que era, eu nunca tive prazer. Nunca.

PETRA:
E onde estão seus pais?

KARIN:
Eles morreram.

PETRA:
Eu sinto muito. Logo os dois.

KARIN:
Meu pai primeiro espancou minha mãe até a morte e depois se enforcou.

PETRA:
Não! Que horror!

KARIN:
Agora a senhora me olha com outros olhos. Acontece com todo mundo. No começo gostam de mim, daí ficam sabendo da minha história e pronto, fim.

PETRA:
Não, Karin, não. Eu tenho... muito carinho por você. E mais ainda depois de ouvir sua história. Alguém tem que fazer algum bem pra você. Não quer me chamar de você?

KARIN:
Claro, é mais fácil.

PETRA:
Marlene, champagne! [*para Karin*] Ela é uma boa pessoa. Ela faz tudo pra mim. Mas como foi que aconteceu...

KARIN:
Com os meus pais? Foi muito simples. A senho... você não leu a história deles no jornal?

PETRA:
Não, não, eu não me lembro de ter lido.

KARIN:
Meu pai enchia a cara e... não, eu tô contando errado... um dia eles falaram pro meu pai: seu Thimm, nós somos uma empresa de alta performance, ou qualquer coisa dessas, e aqui não tem mais lugar pra gente da sua idade. Aí ele desmoronou, chorou e deu soco pra tudo quanto é lado. Foi pro bar onde ele tinha mesa cativa e encheu a cara. Papai sempre bebeu muito. Depois disso, ele foi pra casa, matou minha mãe e se enforcou. Ele não via mais lugar pra eles nesse mundo. Uma história bem simples.

PETRA:
Isso vai mudar, Karin. Nós duas, juntas, vamos transformar a sua vida.

KARIN:
Eu já perdi a esperança mais de uma vez. Depois disso, eu fui pra Austrália. Lá também não foi fácil. Com o meu marido foi uma merda. Eu é que trabalhava e ele dizia que um dia ele ia ganhar muito dinheiro. Que era só uma questão de tempo. Um cretino.

Marlene traz o champagne, abre-o, serve duas taças.

PETRA:
Saúde. A nós.

KARIN:
Saúde.

PETRA:

[*coloca um disco na vitrola*][4] Eu já fico imaginando você desfilando nas passarelas. Eu vou criar uma coleção exclusiva pra você. Você vai brilhar. Você é linda, Karin. A humanidade é dura e bruta e todos somos substituíveis. Todos. A gente tem que saber disso. Onde você está morando em Berlim?

KARIN:
No Hotel Renaux.

PETRA:
Hotel? Mas não é muito caro?

KARIN:
É... 69 marcos a diária.

PETRA:
Então. Você vem morar aqui comigo. É mais barato e... muito melhor.

KARIN:
É?

PETRA:
Ou não é?

KARIN:
Claro. Eu só queria dizer que em pouco tempo eu posso irritar a s... posso irritar você.

PETRA:
Eu me conheço. Você não vai me irritar.

---

4. Música "Aqui, assim", de Felipe Antunes.

KARIN:

Eu adoraria. [*fala ao mesmo tempo que Petra*] Eu te amo.

PETRA:

[*ao mesmo tempo que Karin*] Eu te amo. Eu te amo, Karin. Eu te amo. Nós vamos conquistar o mundo juntas. Eu quero te tocar, beijar.

KARIN:

Eu também gosto de você, Petra, bastante, mas você tem que me dar um tempo. Por favor.

PETRA:

Nós temos tempo. Nós temos muito tempo. Nós vamos nos amar. Marlene, mais champagne! Eu nunca senti amor por uma mulher. Eu estou alucinada, Karin, alucinada! Alucinadamente alucinada.

Blecaute.[5]

---

5. Música "Brinde solto", de Fábio Sá e Felipe Antunes, interpretada por Laís Lacôrte.

TERCEIRO ATO

Seis meses depois. É de manhã cedo, Karin está na cama lendo uma revista; Petra está se vestindo.

PETRA:
Marlene! [*Marlene entra*] Meus sapatos!

KARIN:
Cada vez mais eu tô achando que ela tem algum problema.

PETRA:
Ela não tem nenhum "problema", ela me ama.

KARIN:
Bom proveito!

PETRA:
Obrigada.

Marlene volta ao trabalho.

KARIN:
Faz um gim tônica pra mim?

PETRA:
[*faz o gim tônica*] Você tá bebendo demais. Cuidado pra não ficar muito gorda.

KARIN:
Ah, é!

PETRA:
Pensa nisso, o seu corpo é seu instrumento, sem isso você não tem nada.

KARIN:
Se você acha.

PETRA:
Eu não acho, eu tenho certeza. Saúde.

KARIN:
Saúde.

PETRA:
[*próxima às pernas de Karin*] Eu te amo.

KARIN:
Eu também.

PETRA:
Merda. Eu também. Eu também. Vai, fala: eu te amo.

KARIN:
Tá bom, tá bom!

PETRA:
Fala.

KARIN:
OK. Eu gosto de você. Eu amo você.

PETRA:
Você tem a pele mais gostosa desse mundo.

KARIN:
É?

PETRA:
É. E os cabelos mais lindos. E os ombros mais lindos. E... os olhos mais lindos. Eu te amo, eu te amo, eu te amo. Eu te amo.

KARIN:
Me larga, por favor. Eu ainda não escovei os dentes.

PETRA:
Não faz mal.

KARIN:
Mas eu me importo. Sai. Eu quero ler. Por favor.

PETRA:
Tá bom. Já que você se incomoda tanto.

KARIN:
Eu não me incomodo. Mas também não dá pra gente passar vinte e quatro horas assim desse jeito.

PETRA:
Eu não sei por que você é tão má.

KARIN:
Eu não sou má.

PETRA:
Posso... me sentar com você?

Karin cede espaço. Petra senta-se ao lado dela.

PETRA:
E por onde foi que você andou essa noite? [*Karin não reage*] Karin?

KARIN:
Sim?

PETRA:
Eu perguntei onde foi que você esteve essa noite.

KARIN:
Eu fui dançar.

PETRA:
Até as seis da manhã?

KARIN:
E?

PETRA:
Porque não tem nada que fique aberto até essa hora.

KARIN:
Não?

PETRA:
Não. Com quem você foi "dançar"?

KARIN:
Com um homem.

PETRA:
Ah, é?

KARIN:
É.

PETRA:
Que tipo de homem?

KARIN:
Um tipo bem grandão, com um pau enorme.

PETRA:

Ah, bom. [*vai até o bar e prepara outro gim tônica*] Quer mais um?

KARIN:

Quero, faz mais um pra mim.

PETRA:

Por favor.

KARIN:

Ah, deixa pra lá.

PETRA:

Eu não quero deixar pra lá. Você bem que podia ser simpática. Por favor.

KARIN:

Obrigada, amor, obrigada!!

PETRA:

E como era o homem?

KARIN:

Na cama?

PETRA:

Por exemplo.

KARIN:

Insaciável.

PETRA:

É mesmo?

KARIN:
Totalmente. Imagina: mãos bem grandes sobre a minha pele delicada. E... aqueles lábios! Quentes e grossos. [*Petra põe a mão no coração*] Você vai desmaiar, amor? [*ri descontroladamente*]

PETRA:
[*para Marlene*] Não fica olhando desse jeito, sua vaca. Vai buscar o jornal! Vai!

Marlene sai.

KARIN:
O que é isso, tá histérica por quê? O melhor ainda está por vir.

PETRA:
Não seja tão cruel.

KARIN:
Eu não tô sendo cruel, eu só tô dizendo a verdade, Petra. A gente combinou faz tempo que a gente deveria ser sempre honesta uma com a outra. Mas você não suporta isso. Prefere mentiras.

PETRA:
Isso, mente pra mim. Por favor, mente pra mim.

KARIN:
Então tá, não é verdade. Eu virei a noite passeando sozinha e pensando em nós duas.

PETRA:
Mesmo? Não é verdade?

KARIN:

Claro que não. Eu dormi com um homem, sim. E não tem nenhuma importância, tem?

PETRA:

[*já chora*] Não. Não — claro que não. Mas eu não entendo, eu juro, não entendo. Por quê... Por quê...

KARIN:

Não chora, por favor, Petra. Olha, eu gosto de você, eu te amo... mas... [*Petra chora copiosamente*] É óbvio que de vez em quando eu preciso de um homem. Eu sou assim. Um homem desses eu uso, só isso. Você sempre falava de liberdade. Você sempre disse que não existe obrigação entre nós duas. Não chora — eu sempre volto pra você.

PETRA:

Meu coração dói tanto.

KARIN:

Teu coração não precisa *de* doer.

PETRA:

Não é "*de* doer": "teu coração não precisa doer"! Não precisa da preposição "de".

KARIN:

Ah, Petra. Eu não sou inteligente, nem tão bem-educada como você. Eu sei muito bem disso.

PETRA:

Você é bonita. Eu te amo tanto. Me dói tudo, de tanto que eu te amo. Ai, ai. [*Karin retrai-se. Petra vai preparar um drinque*] Quer mais um?

KARIN:
Eu tenho que cuidar do meu corpo.

Elas se entreolham e ao mesmo tempo começam a rir. Petra recomeça.

PETRA:
Você vai se encontrar com ele de novo?

KARIN:
Com quem? O homem?

PETRA:
Isso. Ou tem tantos assim?

KARIN:
Ah, vai.

PETRA:
Então?

KARIN:
Não, eu não vou encontrar com ele de novo. Eu nem sei o nome dele.

PETRA:
Verdade?

KARIN:
Verdade. Por quê?

PETRA:
Não, só pra saber.

Pausa.

KARIN:
Olha, ele era realmente espetacular, você também ia gostar dele.

PETRA:
Você não precisa me torturar. [*prepara mais um drinque*]

KARIN:
Você também tá bebendo muito.

PETRA:
E o que é que me resta?

KARIN:
Não exagera! Você tá bem histérica.

PETRA:
Eu não estou histérica. Eu estou sofrendo.

KARIN:
O sofrimento também faz bem.

PETRA:
Eu preferia ser feliz, Karin. Eu preferia mil vezes ser feliz. Isso tudo me deixa doente.

KARIN:
Mas o que é que te deixa doente?

PETRA:
Você. Você me deixa doente. Porque eu nunca sei de verdade por que é que você tá comigo, se é porque eu tenho dinheiro, ou porque... você me ama.

KARIN:
Porque eu te amo... Merda.

PETRA:
Ah, para com isso.

KARIN:
Se você não acredita em mim, então...

PETRA:
Como assim, acreditar. Não tem nada a ver com acreditar. Claro que eu acredito que você me ama. Claro. Mas eu não sei. Eu não sei. De verdade. Isso me deixa doente. É isso.

Marlene entra e entrega o jornal a Petra; volta a desenhar.

PETRA:
[*abre o jornal*] Nossa! Olha só isso: Petra von Kant lança uma magnífica coleção para o próximo inverno. E uma foto sua.

KARIN:
Não! Mostra.

PETRA:
Aqui.

KARIN:
Que loucura. Tá boa, não tá?

PETRA:
Sim, muito boa.

KARIN:
Muito boa, muito boa. Isso é incrível. Minha primeira foto no jornal. Que loucura. Eu te amo, vem. [*abraça Petra, a beija*]

PETRA:
Ah, para com isso.

O telefone toca.

PETRA:
Alô. Petra. Quem? [*para Karin*] É pra você.

KARIN:
Como assim? Alô? Freddi! Onde você está? Como é que você foi parar aí? Quando? Às três em Frankfurt? Peraí, vou perguntar. Quando é o próximo voo pra Frankfurt?

PETRA:
Duas e meia.

KARIN:
Tem um avião às duas e meia, vou tentar conseguir um lugar, se não, me liga de novo. [*ela se vira para o outro lado de onde está Petra, fala ao telefone*] Eu te amo. Tchau. [*desliga*] Era o meu marido! O Freddi tá na Alemanha. Tenta conseguir um voo pra Frankfurt pra mim, por favor, tenta?

PETRA:
[*pega mecanicamente o telefone*] Micha? Aqui é Petra von Kant. Eu quero uma passagem pra Frankfurt no voo das 14h30... 14h25, isso, pra Frankfurt... Lotado?

KARIN:
Não! Por favor, por favor...

PETRA:
Consegue um lugar na primeira classe? Tá bem, por favor em nome de Thimm. Karin Thimm. T-H-I-M-M. [*Karin se veste*] Obrigada.

KARIN:
Ah, que loucura. O Freddi tá aqui. Loucura.

PETRA:
Você sempre disse... que você e esse seu marido... você sempre disse que não tinha mais nada.

KARIN:
Isso já faz tempo, Petra...

PETRA:
Você tinha que... pelo menos me dizer...

KARIN:
Freddi é o meu marido.

PETRA:
Mas você disse que queria se divorciar.

KARIN:
Eu disse que talvez a gente fosse se separar algum dia. Qualquer um muda de opinião em seis meses.

PETRA:
Sabe o que você é?

KARIN:
Não, mas com certeza você vai me dizer.

PETRA:
Você é uma putinha escrota. Putinha e escrota.

KARIN:
É? Você acha?

PETRA:
Acho, acho sim. Uma criaturinha bem nojenta. Eu fico enjoada só de olhar pra você.

KARIN:
Então com certeza você vai ficar bem feliz porque estou indo embora.

PETRA:
Ah, vou. E já vai tarde. Só fico me perguntando por que é que você não trabalhou nas ruas logo de cara.

KARIN:
Porque não foi tão penoso ficar com você, amor.

PETRA:
Ah, tá. Isso eu entendo. Como você é cruel. Como é que você pode mentir pra alguém assim?

KARIN:
Eu não menti pra você, Petra.

PETRA:
Ah, sim, você mentiu.

KARIN:
Eu falei pra você que eu te amava. Isso não é mentira, Petra, eu te amo. Eu te amo do meu jeito. Você tem que admitir isso.

PETRA:
Eu teria agido diferente se você... Como é que uma pessoa pode ser tão perversa, Karin? [*abraça Karin*] Eu não posso fazer nada

se eu te amo. Eu preciso de você, Karin. [*ajoelha-se*] Eu quero fazer de tudo por você. Eu só quero existir pra você, Karin. Eu não tenho nada mais além de você. Eu... eu... me sinto tão só sem você, Karin, tão só.

KARIN:
Só — sem uma... puta?

PETRA:
Ah, por favor, por favor, me perdoa. Só tenta entender...

KARIN:
Levanta, eu tô com pressa.

PETRA:
Porquinha nojenta. [*joga gim tônica nela*]

KARIN:
Isso você não vai esquecer nunca.

PETRA:
Ah, Karin, eu não sei mais o que fazer.

KARIN:
Me dá dinheiro, por favor. Eu vou precisar. O Freddi nunca tem dinheiro.

PETRA:
Claro. Quanto?

KARIN:
Mil.

PETRA:
Aqui. Dois mil. Pra vocês aproveitarem um pouco mais.

KARIN:
Eu só preciso de mil.

PETRA:
Leva dois mil. Marlene, leva a Karin pro aeroporto. Eu estou muito bêbada.

Petra senta-se na cama. Marlene vai com Karin até a porta. Marlene sai.

PETRA:
Karin, você tá indo mesmo embora?

KARIN:
Sim.

Karin vai até ela e acaricia seus cabelos. Coloca música[6] na vitrola e sai.

Blecaute.

---

6. Música "Memories Are Made of This", letra e melodia compostas em 1955 por Terry Gilkyson, Richard Dehr, e Frank Miller, do filme *O desespero de Veronika Voss*, interpretada por Laís Lacôrte.

QUARTO ATO

Petra está alcoolizada, sozinha no palco. Toca o telefone. Ela atende.

PETRA:
Alô? Não, não é a Petra. [*ela joga o telefone, bebe. O telefone toca de novo*] Sim? Não, não, não, não. [*ela desliga*] Eu te odeio, te odeio, te odeio. Eu te odeio. Eu te odeio. Eu não aguento. Eu... eu... eu não aguento mais. Essa filha da puta. Essa filha da puta escrotinha. Qualquer dia desses você vai ver. Eu vou acabar com você. Acabar. Você vai ter que se ajoelhar pra mim, sua putinha. Vai ter que lamber os meus pés. [*o telefone toca*] Karin?! [*ela desliga*] Mas eu te amo. Que merda, que merda. Pelo menos telefona, por favor, pelo menos telefona. Eu quero pelo menos ouvir a sua voz. [*ela chora, vai até o bar e prepara um drinque*] Não dá trabalho nenhum, é só telefonar. Só telefonar. Trabalho nenhum. Mas esse ser desprezível nem pensa nisso. É tudo calculado, tudo calculado. Você me dá nojo. Não passa de uma piranha rampeira. E eu te amo tanto. Eu quero que você se acabe do mesmo jeito que eu tô me acabando. Você é tão burra! Burra feito uma porta. Um dia desses você vai entender. Mas aí vai ser tarde demais. Tarde demais.

Petra sai. Toca a campainha.

GABI:
Mamãe! Parabéns! Parabéns pra você...!

PETRA:
Ah, Gabi!

Gabi e Marlene entram.

GABI:
A vovó ainda não chegou?

PETRA:
Não.

GABI:
Eu tenho tanta, mas tanta coisa pra te contar.

PETRA:
Claro, filha, claro. Marlene, faz uma xícara de café pra gente.

GABI:
Olha, esse voo, você tinha que estar nele. O avião balançou tanto. Eu passei bem mal. Ah, mamãe faz tanto tempo que eu não vejo você. Quatro meses. A Karin não taí?

PETRA:
Não.

GABI:
Mas ela ainda vem, né?

PETRA:
Não, eu acho que ela não vem.

GABI:
Ah, num faz mal. Eu nem gosto muito dela.

PETRA:
Não?

GABI:
Sabe, ela na verdade é... meio vulgar, não é?

PETRA:
Não, ela não é.

GABI:
Bom, tanto faz. Ah, mamãe, eu tô tão infeliz.

PETRA:
Infeliz?

GABI:
Não, no fundo eu sou imensamente feliz. Ah, eu não sei. É tudo tão difícil.

PETRA:
O que é que tá acontecendo, minha filha?

GABI:
Eu tô apaixonada!

PETRA:
Você tá... [*ri às gargalhadas*] Essa não, é muito engraçado. Você se apaixonou.

GABI:
Careta.

PETRA:
Desculpa, filha, desculpa. É que pra mim você sempre foi uma menininha. Eu preciso me acostumar com o fato de que você cresceu.

GABI:
Sim, por favor.

PETRA:
Conta, conta pra mim do seu namorado.

GABI:
Esse que é o caso, ele ainda nem é meu namorado. Ele nem sabe que eu tô apaixonada por ele. Ele é tão tosco, não dá pra acreditar. Simplesmente me ignora. É horrível.

PETRA:
Isso acontece, Gabi, vai por mim.

GABI:
Mãe... ele é tão bonito. Você não consegue nem imaginar como ele é bonito.

PETRA:
Consigo, sim...

O telefone toca, Petra levanta-se numa corrida até o telefone, atende.

PETRA:
Sim? Não! [*ela desliga o telefone e soluça*]

GABI:
Mamãe, mamãe. Quem era? [*Petra chora*] Mamãe, mamãe, por favor, diz alguma coisa, o que é que tá acontecendo? [*Gabi também chora*] Não chora, mamãe, o que foi que aconteceu?

PETRA:
Nada, Gabi, nada. Para de chorar. Não aconteceu nada, de verdade.

Petra continua soluçando, levanta-se, vai até o bar, prepara um drinque, Marlene entra com o café, mãe e filha disfarçam as lágrimas. Ainda assim Marlene percebe que há algo errado e fica ali, parada.

PETRA:
Agora vê se traz o bolo. [*Marlene continua parada. Petra grita*] É pra você sumir da nossa frente e buscar o bolo, ou você tá ouvindo mal? Some daqui! [*Marlene sai*]

GABI:
Por que você trata ela tão mal, mãe?

PETRA:
Porque ela não merece nada melhor e porque ela não quer que seja diferente. Ela tá feliz assim, entendeu?

GABI:
Não.

PETRA:
Ah, vai.

GABI:
Eu não quero brigar com você no seu aniversário.

Toca a campainha.

GABI:
Eu abro, pode deixar. [*Gabi volta*] Posso anunciar: a baronesa Sidonie.

Petra se afasta, num momento tem-se a impressão de que ela vai quebrar o copo que tem na mão de tanto apertar, mas ela se recompõe no momento em que entra Sidonie.

SIDONIE:
Petra! Querida!

PETRA:
Sidonie!

SIDONIE:
Tudo de bom nesse seu aniversário. De coração, Petra. [*entrega-lhe um presente*] Abre depois. E a escola, Gabi?

GABI:
Dá pro gasto, tia Sidonie.

SIDONIE:
Eu também acho que se dá pro gasto, dá pro gasto.

PETRA:
Marlene! Mais uma xícara, rápido!

GABI:
Eu acho que a mamãe trata a Marlene mal, você não acha?

PETRA:
Gabi!

SIDONIE:
E eu acho, Gabi, que você ainda não tem idade suficiente pra fazer julgamentos sobre o comportamento da sua mãe.

GABI:
Tá bom, então eu fico quieta.

SIDONIE:
Como é que você tá?

PETRA:
Como é que eu posso estar? Bem.

Marlene traz uma xícara para Sidonie.

SIDONIE:
Obrigada. Me conta. Eu li sobre o seu sucesso em Milão. Parabéns.

PETRA:
Sabe de uma coisa, essa merda toda me cansa a beleza.

Gabi ri.

SIDONIE:
Não ri.

PETRA:
Deixa ela rir.

SIDONIE:
Por favor. Sua mãe tá dizendo que é pra você rir.

PETRA:
Antes eu ainda tinha prazer no trabalho. Mas ele me consumia. Acabou. Finito. [*grita*] O bolo! Ela tirou o dia pra me irritar.

SIDONIE:
Eu acho que não, Petra.

GABI:
Se ela pelo menos fizesse isso.

SIDONIE:
Gabi!

Marlene traz o bolo. Coloca-o sobre a mesa, sai. Há uma pausa embaraçosa.

SIDONIE:
Sabe da Karin?

PETRA:
Da Karin? Não, e você?

SIDONIE:
Sei. Eu sei que ela conseguiu um trabalho na Pucci.

PETRA:
Ah, na Pucci?

SIDONIE:
Na Pucci. Essa moça tem talento.

PETRA:
Talento? Ela não tem talento, Sidonie, ela sabe se vender.

SIDONIE:
Não sei, não, Petra, se você não tá sendo injusta com ela. Pode ser que nesse caso o seu julgamento seja muito subjetivo. Falando nisso, ela está na cidade hoje.

PETRA:
Ela...? Você é a fera da informação, amor.

SIDONIE:
Eu tenho que ser sincera: a Karin me telefonou hoje de manhã — se não, eu obviamente não teria a menor ideia.

PETRA:
Você...

SIDONIE:
Eu disse pra ela *sim*, claro, que é seu aniversário hoje, amor. Ela também disse que ia tentar dar uma passadinha, mas não podia dar certeza, ela tinha um montão de coisas pra fazer. Pff...

Petra vai até o bar, Sidonie se levanta e vai até ela para impedi--la. Toca a campainha. Gabi corre para fora, volta com a mãe de Petra.

VALERIE:
Puxa, Petra, me atrasei. Eu tentei porque tentei conseguir um táxi. Parabéns, minha filha. Vem mais alguém?

PETRA:
Não!

VALERIE:
Sidonie!

SIDONIE:
Valerie!

VALERIE:
O trânsito nessa cidade ainda me mata. Juro. E a escola, Gabriele?

PETRA:
Dá pro gasto.

VALERIE:
Vocês brigaram?

GABI:
Me proibiram de falar, vovó.

SIDONIE:
Isso não é verdade, Gabi.

GABI:
Vocês me proibiram de ter uma opinião, ou não proibiram?

SIDONIE:
Ninguém te proibiu de coisa nenhuma, isso é pura mentira.

GABI:
Claro que vocês me proibiram de dizer qualquer coisa.

SIDONIE:
Que menina horrível.

VALERIE:
Fiquem calmas, crianças. Vamos ser agradáveis umas com as outras.

Petra joga seu copo contra a parede.

VALERIE:
Petra!

PETRA:
Eu tenho nojo de todas vocês.

SIDONIE:
Mas o que é isso!

VALERIE:
Calma. O que é que está acontecendo, minha filha?

PETRA:
Vocês são todas falsas, são umas vacas falsas e escrotas.

GABI:
Mãe!

PETRA:
Você é uma adolescente repulsiva. Eu te odeio. Eu odeio todas vocês.

GABI:
Ah, mamãe, mamãe.

PETRA:
Não encosta em mim. Marlene, me faz um gim tônica. Vocês são nojentas. Saúde. Suas parasitas.

VALERIE:
Mas o que é que ela tem?

SIDONIE:
Pobre Petra.

Petra atira outro copo.

VALERIE:
Para com isso! Você vai destruir a casa inteira.

PETRA:

E? Você trabalhou pra isso? Você não moveu uma palha na sua vida inteira. Primeiro o papai te sustentou, depois eu. Sabe o que você é pra mim? Uma puta, mãe, uma puta escrota, desgraçada e horrorosa.

VALERIE:
Petra, Petra!

Petra tomba a mesa do café.

GABI:
Mamãe.

PETRA:
O que eu consegui com o meu trabalho eu quebro o quanto eu quiser. Tá claro isso, ou não?

VALERIE:
Eu não estou entendendo mais nada, nada. O que foi que nós fizemos pra você?

SIDONIE:
Tudo por causa dessa mulher.

VALERIE:
Qual mulher?

SIDONIE:
Por causa da Karin.

VALERIE:
Por causa da Karin? O que é que tem a Karin?

SIDONIE:
Todo mundo sabe que a Petra é louca pela Karin.

PETRA:
Eu não sou louca por ela. Eu amo a Karin. Eu amo ela como eu nunca amei ninguém nessa vida.

VALERIE:
Você ama... Você ama uma mulher? Petra, Petra.

PETRA:
O dedo mindinho dessa mulher vale mais do que todas vocês juntas. Oh, Karin, Karin.

GABI:
Mamãe, por favor, mamãe.

PETRA:
Marlene, gim tônica, dez gim tônicas.

VALERIE:
Minha filha ama uma mulher. Uma mulher, minha filha! Deus do céu, que horror.

Toca o telefone, Petra corre para atender.

PETRA:
Karin? [*desliga*] Ah, não, não, eu não aguento mais. Eu não aguento.

SIDONIE:
Calma, Petra.

PETRA:
Cala essa boca. Isso é uma fofoca pra mais de um ano, pra você.

SIDONIE:
Eu tô indo embora. Eu não preciso aturar isso. Não mesmo.

PETRA:
Vai embora. Se manda daqui. Eu não quero ver você nunca mais na vida. Nunca mais, entendeu?

SIDONIE:
Você ainda me paga, Petra. Isso não vai ficar sem troco.

PETRA:
Eu não pago mais nada. Eu já pago o suficiente. Tem mais alguém que quer ir embora? A porta tá aberta. Vão embora. Vão embora. Gim, gim, Marlene. Ou você também quer sumir? A troco de quê vocês estão chorando? De quê? Vocês são todas felizes, felizes, todas. [*desmorona*]

VALERIE:
Ah, filha. Pobre, pobre filha.

PETRA:
Eu quero morrer, mamãe. Eu quero morrer...

GABI:
Mãe. Mamãe. Eu te amo tanto.

PETRA:
É só tomar uns remédios, mamãe, colocar num copo d'água, engolir e dormir. É gostoso dormir. Faz tanto tempo que eu não durmo. Eu quero dormir por muito tempo, dormir, dormir...

Blecaute.[7]

---

7. Música "Capri Fischer", melodia de Gerhard Winkler, letra de Ralph Maria Siegel, do filme *Lola*, interpretada por Laís Lacôrte.

QUINTO ATO

Petra deitada na cama, Valerie a seu lado. Marlene desenha no cavalete.

VALERIE:
A Gabi está dormindo.

PETRA:
Eu vou me recuperar, mamãe.

VALERIE:
A Gabi ficou chocada.

PETRA:
Mãe, por favor.

VALERIE:
Não é nenhuma acusação, Petra. É só pra você saber. Eu visitei o túmulo do papai e tinha flores, não sei quem colocou. Já é a segunda vez que isso acontece.

PETRA:
Eu tinha medo de que você me odiasse por causa da Karin.

VALERIE:
Eu sei. Talvez eu até tivesse odiado, quem sabe. [*pausa*] Chovia muito quando você nasceu. A chuva batia forte na janela.

PETRA:
Eu nem amava ela. Eu só queria ser a dona dela. Já passou. Só agora é que eu estou começando a amá-la.

VALERIE:
Você precisa ser boa com a Gabi. Adolescentes são tão sensíveis.

PETRA:
Eu sei.

VALERIE:
Ela chorou muito antes de adormecer.

PETRA:
Não seja cruel comigo, mamãe.

VALERIE:
É preciso dizer o que a gente sabe. [*toca o telefone, Valerie atende*] Alô. Quem gostaria? Um momentinho, por favor. [*tapa o fone*] É a Karin.

PETRA:
[*pega o telefone*] Karin. Sim, obrigada. Bem, sim... É tarde agora. Amanhã não dá. Sim. Sim, a gente se vê qualquer dia desses. Tudo de bom. Tchau. [*desliga o telefone*] Você já pode ir, mãe. Agora eu estou tranquila. Eu estou em paz com o mundo. Eu ligo pra você.

Valerie pega suas coisas e sai. Depois de um momento, Petra coloca um disco na vitrola.

PETRA:
Eu tenho que te pedir desculpas por muitas coisas, Marlene. Daqui pra frente nós duas vamos trabalhar juntas de verdade, você vai ter a diversão e a liberdade que você merece. Você vai ser feliz. [*Marlene se levanta, vai até Petra, ajoelha-se diante dela, quer beijar suas mãos*] Assim não. Me conta sobre você.

Blecaute.

Sobre a Cia.BR116

A Cia.BR116 nasceu em 2009, com a montagem do espetáculo *O homem da tarja preta*, de Contardo Calligaris. Em 2010 a companhia estreou o espetáculo *O terceiro sinal*, de Otavio Frias Filho, que em 2018 voltou em cartaz numa temporada histórica no Teatro Oficina. A Cia.BR116 se apresentou em turnês com todo o seu repertório em diversos estados brasileiros, como São Paulo, Rio de Janeiro, Bahia, Paraná e Rio Grande do Sul. Em 2019 montou *Mãe coragem*, de Bertolt Brecht, cujo cenário, criado por Daniela Thomas, ocupou um ginásio esportivo do Sesc Pompeia. Sucesso de crítica e público, o espetáculo foi o vencedor do Prêmio Shell de melhor direção para Daniela Thomas. Em 2020 a companhia criou *Teatrofilme*, projeto que resultou em dois filmes, ambos dirigidos por Bete Coelho e Gabriel Fernandes: *Medeia por Consuelo de Castro* — que recebeu o prêmio APTR de melhor atriz para Bete Coelho — e *Gaivota* — prêmio APTR de melhor figurino —, de Anton Tchekhov. Em 2022 estreou *Molly — Bloom*, com direção de Daniela Thomas e Bete Coelho, e com codireção de Gabriel Fernandes. No final de 2023 estreou, no Teatro Anchieta em São Paulo, *Ana Lívia*, de Caetano W. Galindo, com direção de Daniela Thomas. O espetáculo foi destaque no Festival de Teatro de Curitiba de 2024. Também em 2024, estreou *Petra*, de Rainer Werner Fassbinder, no Teatro Cacilda Becker em São Paulo, com direção de Bete Coelho e Gabriel Fernandes, e cenário de Daniela Thomas e Felipe Tassara.

CIP-BRASIL. CATALOGAÇÃO NA PUBLICAÇÃO
SINDICATO NACIONAL DOS EDITORES DE LIVROS, RJ

F26L

Fassbinder, Rainer Werner, 1945-1982

As lágrimas amargas de Petra von Kant / Rainer Werner Fassbinder ; tradução Marcos Renaux. - 1. ed. - Rio de Janeiro : Cobogó, 2024.

168 p. ; 19 cm. (Dramaturgia)

Tradução de: Die bitteren tränen der Petra von Kant
ISBN 978-65-5691-148-9

1. Teatro alemão. I. Renaux, Marcos. II. Título.

24-92504   CDD: 832
              CDU: 82-2(430)

Meri Gleice Rodrigues de Souza - Bibliotecária - CRB-7/6439

© Editora de Livros Cobogó, 2024

Rainer Werner Fassbinder, *Die bitteren Tränen der Petra von Kant*
© Verlag der Autoren, Frankfurt am Main, 1971

Editora-chefe
Isabel Diegues

Edição
Aïcha Barat

Gerente de produção
Melina Bial

Tradução
Marcos Renaux

Revisão final
Débora Donadel

Projeto gráfico de miolo e diagramação
Mari Taboada

Capa
Celso Longo + Daniel Trench

Fotografia da capa
Luiza Ananias (Foto)
Renata Correa (Direção criativa e styling)

Nenhuma parte deste livro pode ser reproduzida ou transmitida de qualquer forma ou por qualquer meio, eletrônico ou mecânico, incluindo fotocópia, gravação ou por qualquer sistema de armazenamento e recuperação de informações, sem permissão por escrito do editor.

A opinião dos autores deste livro não reflete necessariamente a opinião da editora Cobogó.

Todos os direitos em língua portuguesa reservados à
Editora de Livros Cobogó Ltda.
Rua Gen. Dionísio, 53, Humaitá
Rio de Janeiro – RJ – Brasil – 22271-050
www.cobogo.com.br

COLEÇÃO DRAMATURGIA

ALGUÉM ACABA DE MORRER LÁ FORA, de Jô Bilac

NINGUÉM FALOU QUE SERIA FÁCIL, de Felipe Rocha

TRABALHOS DE AMORES QUASE PERDIDOS, de Pedro Brício

NEM UM DIA SE PASSA SEM NOTÍCIAS SUAS, de Daniela Pereira de Carvalho

OS ESTONIANOS, de Julia Spadaccini

PONTO DE FUGA, de Rodrigo Nogueira

POR ELISE, de Grace Passô

MARCHA PARA ZENTURO, de Grace Passô

AMORES SURDOS, de Grace Passô

CONGRESSO INTERNACIONAL DO MEDO, de Grace Passô

A PRIMEIRA VISTA | IN ON IT, de Daniel MacIvor

INCÊNDIOS, de Wajdi Mouawad

CINE MONSTRO, de Daniel MacIvor

CONSELHO DE CLASSE, de Jô Bilac

CARA DE CAVALO, de Pedro Kosovski

GARRAS CURVAS E UM CANTO SEDUTOR, de Daniele Avila Small

OS MAMUTES, de Jô Bilac

INFÂNCIA, TIROS E PLUMAS, de Jô Bilac

NEM MESMO TODO O OCEANO, adaptação de Inez Viana do romance de Alcione Araújo

NÔMADES, de Marcio Abreu e Patrick Pessoa

CARANGUEJO OVERDRIVE, de Pedro Kosovski

BR-TRANS, de Silvero Pereira

KRUM, de Hanoch Levin

MARÉ/PROJETO BRASIL, de Marcio Abreu

AS PALAVRAS E AS COISAS, de Pedro Brício

MATA TEU PAI, de Grace Passô

ÃRRÃ, de Vinicius Calderoni

JANIS, de Diogo Liberano

NÃO NEM NADA, de Vinicius Calderoni

CHORUME, de Vinicius Calderoni

GUANABARA CANIBAL, de Pedro Kosovski

TOM NA FAZENDA, de Michel Marc Bouchard

OS ARQUEÓLOGOS, de Vinicius Calderoni

ESCUTA!, de Francisco Ohana

ROSE, de Cecilia Ripoll

O ENIGMA DO BOM DIA, de Olga Almeida

A ÚLTIMA PEÇA, de Inez Viana

BURAQUINHOS OU O VENTO É INIMIGO DO PICUMÃ, de Jhonny Salaberg

PASSARINHO, de Ana Kutner

INSETOS, de Jô Bilac

A TROPA, de Gustavo Pinheiro

A GARAGEM, de Felipe Haiut

SILÊNCIO.DOC,
de Marcelo Varzea

PRETO, de Grace Passô,
Marcio Abreu e Nadja Naira

MARTA, ROSA E JOÃO,
de Malu Galli

MATO CHEIO, de Carcaça
de Poéticas Negras

YELLOW BASTARD,
de Diogo Liberano

SINFONIA SONHO,
de Diogo Liberano

SÓ PERCEBO QUE ESTOU
CORRENDO QUANDO VEJO QUE
ESTOU CAINDO, de Lane Lopes

SAIA, de Marcéli Torquato

DESCULPE O TRANSTORNO,
de Jonatan Magella

TUKANKÁTON + O TERCEIRO
SINAL, de Otávio Frias Filho

SUELEN NARA IAN,
de Luisa Arraes

SÍSIFO, de Gregorio Duvivier
e Vinicius Calderoni

HOJE NÃO SAIO DAQUI,
de Cia Marginal e Jô Bilac

PARTO PAVILHÃO,
de Jhonny Salaberg

A MULHER ARRASTADA,
de Diones Camargo

CÉREBRO_CORAÇÃO,
de Mariana Lima

O DEBATE, de Guel Arraes
e Jorge Furtado

BICHOS DANÇANTES,
de Alex Neoral

A ÁRVORE, de Silvia Gomez

CÃO GELADO,
de Filipe Isensee

PRA ONDE QUER QUE EU
VÁ SERÁ EXÍLIO,
de Suzana Velasco

DAS DORES, de Marcos Bassini

VOZES FEMININAS — NÃO EU,
PASSOS, CADÊNCIA,
de Samuel Beckett

PLAY BECKETT — UMA PANTOMIMA
E TRÊS DRAMATÍCULOS (ATO SEM
PALAVRAS II | COMÉDIA/PLAY |
CATÁSTROFE | IMPROVISO DE OHIO),
de Samuel Beckett

MACACOS — MONÓLOGO
EM 9 EPISÓDIOS E 1 ATO,
de Clayton Nascimento

A LISTA, de Gustavo Pinheiro

SEM PALAVRAS,
de Marcio Abreu

CRUCIAL DOIS UM,
de Paulo Scott

MUSEU NACIONAL
[TODAS AS VOZES DO FOGO],
de Vinicius Calderoni

PARTIDA, de Inez Viana

COLEÇÃO DRAMATURGIA ESPANHOLA

A PAZ PERPÉTUA, de Juan Mayorga | Tradução Aderbal Freire-Filho

ATRA BÍLIS, de Laila Ripoll | Tradução Hugo Rodas

CACHORRO MORTO NA LAVANDERIA: OS FORTES, de Angélica Liddell | Tradução Beatriz Sayad

CLIFF (PRECIPÍCIO), de José Alberto Conejero | Tradução Fernando Yamamoto

DENTRO DA TERRA, de Paco Bezerra | Tradução Roberto Alvim

MÜNCHAUSEN, de Lucía Vilanova | Tradução Pedro Brício

NN12, de Gracia Morales | Tradução Gilberto Gawronski

O PRINCÍPIO DE ARQUIMEDES, de Josep Maria Miró i Coromina | Tradução Luís Artur Nunes

OS CORPOS PERDIDOS, de José Manuel Mora | Tradução Cibele Forjaz

APRÈS MOI, LE DÉLUGE (DEPOIS DE MIM, O DILÚVIO), de Lluïsa Cunillé | Tradução Marcio Meirelles

COLEÇÃO DRAMATURGIA FRANCESA

É A VIDA, de Mohamed El Khatib | Tradução Gabriel F.

FIZ BEM?, de Pauline Sales | Tradução Pedro Kosovski

ONDE E QUANDO NÓS MORREMOS, de Riad Gahmi | Tradução Grupo Carmin

PULVERIZADOS, de Alexandra Badea | Tradução Marcio Abreu

EU CARREGUEI MEU PAI SOBRE MEUS OMBROS, de Fabrice Melquiot | Tradução Alexandre Dal Farra

HOMENS QUE CAEM, de Marion Aubert | Tradução Renato Forin Jr.

PUNHOS, de Pauline Peyrade | Tradução Grace Passô

QUEIMADURAS, de Hubert Colas | Tradução Jezebel De Carli

COLEÇÃO DRAMATURGIA HOLANDESA

EU NÃO VOU FAZER MEDEIA, de Magne van den Berg | Tradução Jonathan Andrade

RESSACA DE PALAVRAS, de Frank Siera | Tradução Cris Larin

PLANETA TUDO, de Esther Gerritsen | Tradução Ivam Cabral e Rodolfo García Vázquez

NO CANAL À ESQUERDA, de Alex van Warmerdam | Tradução Giovana Soar

A NAÇÃO — UMA PEÇA EM SEIS EPISÓDIOS, de Eric de Vroedt | Tradução Newton Moreno

2024

1ª impressão

Este livro foi composto em Calluna.
Impresso pela IMOS Gráfica e Editora,
sobre papel Pólen Natural 70g/m².